法商智慧

公民维权 36 计

年青｜年鹤童 著

清华大学出版社
北京

图书在版编目（CIP）数据

法商智慧：公民维权36计 / 年青，年鹤童著. — 北京：清华大学出版社，2018
（2022.2重印）
　（法商之道）
　ISBN 978-7-302-49964-0

　Ⅰ.①法…　Ⅱ.①年…②年…　Ⅲ.①法律－基本知识－中国
Ⅳ.①D920.5

中国版本图书馆CIP数据核字（2018）第067776号

责任编辑： 朱玉霞
封面设计： 阿　东
版式设计： 方加青
责任校对： 宋玉莲
责任印制： 杨　艳

出版发行： 清华大学出版社
　　　　　网　　　址：http://www.tup.com.cn，http://www.wqbook.com
　　　　　地　　　址：北京清华大学学研大厦A座　　邮　　编：100084
　　　　　社　总　机：010-62770175　　　　　邮　　购：010-62786544
　　　　　投稿与读者服务：010-62776969，c-service@tup.tsinghua.edu.cn
　　　　　质　量　反　馈：010-62772015，zhiliang@tup.tsinghua.edu.cn
印　装　者： 三河市金元印装有限公司
经　　销： 全国新华书店
开　　本： 148mm×210mm　　**印　张：** 8.625　　**字　数：** 184千字
版　　次： 2018年6月第1版　　**印　次：** 2022年2月第5次印刷
定　　价： 49.00元

产品编号：079117-01

宪法就是一张写着公民权利的纸。

——列宁

12 月 4 日，是国家宪法日，为了纪念这个代表中国法治进程的日子，让更多的人了解法律、学习法律，早在两年前我们团队就开始策划这本书，想通过百姓身边的法律事件来唤醒大家的法律意识，为我国的法治建设尽点力。

2018 年 3 月 17 日上午，在十三届全国人大一次会议上，新当选的国家主席、中央军委主席习近平手抚《宪法》庄严宣誓：忠于中华人民共和国宪法，维护宪法权威，履行法定职责，忠于祖国、忠于人民，恪尽职守、廉洁奉公，接受人民监督，为建设富强民主文明和谐美丽的社会主义现代化强国努力奋斗！这一庄严时刻，必将永载史册，它昭示着今天的中国进入到依法治国的新阶段。

2014 年全国人大常委会通过将每年的 12 月 4 日设立为国家宪法日，党的十八届四中全会也提出了依法治国首先要求依宪治国。我们都知道宪法是母法，是国家的根本大法，那么为什么宪法有这么高的地位呢？我们要了解宪法的由来。

人民组建国家；人民让出部分权利，甘于接受国家管理；国家依照人民的授权对人民进行管理和保护。那么宪法就是公民与国家之间的"一纸公约"——约定了我们要组建一个什么性质的国家，如何组建、规划国家机关和机构，如何管理国家机关，如何选举管理者，国家有哪些权力。同时约定了国家有怎样的义务，国家应该保障公民哪些权利等。所以，宪法的重大意义在此，它是国家之所以能管理、领导公民的"契约"，是国家合法化的法律依据。

有权力，必有限制，否则行使权力者必将膨胀。如果将权力比作老虎，那么宪法就是关住老虎的铁笼。我们必须通过宪法来保障公民权利不被侵犯、限制国家权力不能膨胀。中国力行依宪治国，体现了国家尊重公民权、制约公权的坚定决心。那么作为公民，国家在保护我们，为我们创造了更好的司法环境，那我们就更应该去了解、行使、维护自己的权利，成为一个法律意义上的"人"。

宪法将"公民的基本权利和义务"作为继"总纲"之后的第二章，将公民权摆在重要位置。宪法中明文规定了中国公民在法律面前一律平等、国家尊重和保障人权的基本原则，以及公民享有的政治权利、人身自由权、人格尊严权、隐私权、劳动就业权、休息权、受教育权、享受社会保障的权利、对国家机关提出批评、建议、申诉、控告的权利等。

但这并不是全部。宪法只是规定了公民，相对于国家之公民，应该享受的权利。而老百姓除了在相对于"国家"时拥有"公民"身份、享有公民权之外，在其他法律关系中还有各种其他身份，享有着其他各种权利。例如：在民事合同中的身份是"民事主体"，享有"缔约自由权""求偿权""抗辩权""依法解除合同的权利"等；在婚姻家庭关系中的身份是"丈夫""妻子""子女""父母"等，享有"婚姻自主权""财产处分权""继承权"等；在劳动合同中的身份是"劳动者"，享有"休息权""获得报酬权""获得经济补偿、赔偿的权利"等；在购买商品过程中的身份是"消费者"，享有"知情权""公平交易权""自主选择权"等。

这些权利的行使离不开法律，这些权利的保障更离不开法律。提高公民的维权意识和维权能力，这才是持续、深入推动我国社会主义法治建设的内在动力。

这本书将告诉你，当你的权益受到侵犯，请选择法律，去争取、去维护、去行使你的权利！我们的生活会因有法律保驾护航变得更加美好！

2018 年 3 月 28 日

深圳梧桐山

第一章 民事领域

第二章　婚姻家庭领域

第三章　劳动人事领域

第四章　消费者领域

第五章　刑　事　领　域

第六章　民　与　官

第一章

民事领域

一、买房中的法律问题

案例

2015 年 8 月 15 日，李雷与韩梅梅签订合同约定李将名下房产以 120 万元的低价转让给韩，韩应在签订合同后 10 天内付清房款，之后 10 天内双方去办理房屋过户手续。韩依照约定于 8 月 20 日交付了房款，但由于要临时出差，推迟了过户。

8 月 28 日，李与林涛在聊天中得知林打算买房子，于是表示愿意以 150 万元的价格将房产转让，林欣然同意，并于次日和李签了合同，同时交付了房款。8 月 30 日，林与李一同去房屋管理中心办理了过户手续。

9 月 3 日，韩出差回来收到李的电话，李表示房屋不再出售，欲退还韩 120 万元购房款，并补偿韩 5 万元损失费。韩表示拒绝，起诉李要求继续履行合同。

买房是老百姓生活中的一件大事，如此大额的交易一定要慎之又慎。那么都有哪些注意事项呢？本计将从法律角度为购房者提供一些建议。

核实卖家身份，防止上当受骗

在二手房买卖中，可能会出现"假卖家"的情况。一些不正规的中介机构为了追求利益，把关不严导致买家被骗的情况时有发生；而不通过中介，买家卖家直接交易的情况下，买家懵懵懂懂更容易遭到欺骗。

"假卖家"常见情况是"真房主"的租客，借着租房的便利，制造假房产证，冒充房主，要求买房人在过户之前交全部或部分房款，或者交高额定金或预付款，然后卷款跑路。"假卖家"骗购房款的行为构成诈骗，是犯罪行为，买家可以报警求助。但是被骗的钱能不能追回来就不一定了。如果抓不到骗子，或者骗子把钱挥霍掉了，买家的钱可能就"打了水漂"。如果中介公司没有尽到审查义务，应对买家进行赔偿，但是基本不可能全额赔偿，买家还是会遭受很大损失。

所以买房子一定要核实卖家身份，查看房产证、身份证原件，并到房管部门查询核实。如果卖家与登记的房屋所有权人身份不符，或者该房产还登记有其他共有人，则一定要与登记的所有权人或其他共有人取得联系，要求其作出书面的同意转让说明。

另外，在房产过户之前不要轻易把全部房款直接交给卖家。可以选择第三方资金监管机构，将购房款打入指定账号，待过户之后再由监管机构将房款支付给卖家。

警惕一房二卖，尽早过户

有的卖家不讲诚信，只顾追求利益最大化，不惜一房二卖，甚至一房多卖，将房产过户给出价最高的买家。已经选好了的房子就这么没了，对辛苦选择房源的买家来说当然是件很令人气愤的事。为了避免出现这类情况，要提醒大家，签好合同后尽快过户。

在我国，房子是谁的，不看买卖合同，而是看房管部门的登记情况——登记在谁名下，房子就是谁的。也就是说，即使买家和卖家已经签了房屋买卖合同，买家也交了钱，只要没过户，房子就还是卖家的。此时如果卖家把房子卖给第三人，其卖房的行为依然有效；如果卖家把房子过户给第三人，房子就变成第三人的了。买家此时已经拿不到房子了（因为已经属于第三人了），但是合同依然有效，买家可以拿着合同追究卖房人的违约责任。

我们来看开篇案例。李与韩签订的买卖合同有效。虽韩已经全额付款，但由于没有过户，所以房子依然属于李。李作为所有权人又将房子卖给林，行为有效。双方过户，则房子所有权已经转移给林。此时韩已经无法主张过户，而只能要求李承担违约责任。具体李应该承担多大的违约责任，要看李、韩的买卖合同中是如何规定的。如果没有规定，法院会根据韩的损失来确定具体赔偿数额。

所以，签了买卖合同并不意味着就能拿到房子。房屋所有权只有登记过户才能转移。买房者签下中意的房子（尤其是价低的好房子）后应尽早去过户，防止卖家反悔。

买卖不破租赁，房有租客要注意

如果卖家的房子里有租客，那么在买房时一定要与卖家和租客进行协商。明确以下问题：

1. 租客是否放弃优先购买权。法律规定了租客对已承租房屋在同等条件下具有优先购买权，为了避免麻烦，买家应该要求租客出具一份放弃优先购买权的书面声明。

2. 租客是否要求继续租用房屋。法律规定了"买卖不破租赁"原则，即是说房屋的所有权转移，不影响既有的租赁关系，新房东继承老房东在租赁合同中的权利义务。所以新房东不能贸然"逐客"，如果想收回房子，只能与租客协商。租客如果不同意搬离，新房东只能继续放租至期满，或者承担违约责任。所以买家应该提前询问租客意见，据此和卖家协商由谁来负担解除租赁合同带来的经济损失。

房屋买卖合同中的法律问题

房屋买卖合同无疑是房屋买卖中最重要的部分，是买卖双方权利义务的依据。在签订合同以前，以及签订的过程中要注意以下问题：

1. 关于"定金"的约定。在正式签订房屋买卖合同之前，卖家经常会要求购房者交一部分"定金"。这里要提醒大家，法律上有一个"定金罚则",即买家交了定金以后,如果是买家原因取消交易,那么定金不退还;如果是卖家原因取消交易,则卖家双倍返还定金。所以,在没有确定购买房屋时,不要轻易交"定金",否则可能十分被动。

如果确有购房意向,可以约定先交一部分"意向金""预付款""押金"等,并约定如果双方不能协商一致形成买卖合同,卖家应予以返还。当然,即使双方没有约定如果不能形成合同应当返还,由于"意向金""预付款""押金"等并没有"定金"的性质,购房者也有权要求返还。

2. 明确合同的相对方,也就是和谁签合同。如果是一手房,那么合同的相对方是开发商;如果是二手房,那么合同的相对方是房屋的所有权人(或所有权人授权的人)。不要和中介签买卖合同,中介只是起到平台作用的服务机构,并没有权利替代房主签订买卖合同。中介为了促成合同可能会承诺一些"诱人"的条件,购房者一定要注意,中介的承诺不代表卖家的承诺,一切权利义务以自己和卖家签订的买卖合同为准。

3. 签订补充合同,或备注好补充性条款。开发商销售楼盘基本都会提供格式合同(事先准备好可重复使用的已经拟好双方权利义务条款的买卖合同),但购房者可以提议签订补充合同,或在格式合同中增加补充性条款。补充合同或补充性条款的内容目的,就是将开发商对购房者的一些口头承诺固定下来,使其具有法律约束力。

比如开发商为了销售楼盘都会打出广告宣传,宣传资料中会对楼盘的情况进行介绍，包括房屋信息以及配套设施设计等。有的开发商将期房进行预售之后，并不遵守原宣传资料中的承诺，而是为了追逐利益最大化进行不利于购房者的改动（比如将许诺建立游泳池、健身房、绿化带的公共部分改建成停车场以售卖车位）。为了避免这类情况，购房者可以将开发商在宣传资料中的承诺写入补充合同或补充性条款，并规定开发商如果不履行承诺要承担什么违约责任。

再如开发商向购房者承诺购房赠送精装修，那么购房者就要和开发商明确"精装修"包括哪些具体内容，以及"精装"的标准是什么、"装修"的用料及品牌如何选择等。将双方达成的协议通过补充合同或补充性条款予以固定，可以避免笼统的承诺导致日后出现扯皮现象。

总之，合同条款越详尽、细化，日后双方出现争议纠纷的可能性就越小。开发商为了规避违约责任，其提供的格式合同往往故意将条款写得很笼统、概括，十分不利于购房者日后维权。而补充合同或补充性条款可以很好地解决这一问题。

4.约定违约责任。违约责任对买卖双方都是一个保障，一方面通过增加违约成本，可以避免任何一方随意违约；另一方面一旦出现违约可以直接按照约定处理，快速定纷止争。建议在合同中明确约定违约金数额或违约金计算方式。

关于"退房"

在一手房买卖中，法律规定了开发商延迟交付房屋、售房证件不齐全、擅自变更设计、房屋原因导致买家无法办理公积金贷款、房屋无法取得产权证、房屋面积误差超过 3%、房屋质量不合格或严重影响使用、开发商故意隐瞒房屋已被抵押或已出售给第三人等情况时，购房者有权要求退房，并要求开发商承担责任。

在二手房买卖中，法律没有直接规定。但双方可以在合同中进行约定可退房的情形以及相关责任。

年律师说法

公民维权 第 *1* 计

1. 选择正规的中介机构，但也不能完全依赖中介。对于房产信息、产权人身份信息等一定要亲自确认。由于复印件容易伪造，所以应要求卖家提供房产证、身份证原件进行核查比对。不要怕麻烦，要去房管部门核实房屋产权信息。

2. 不要因为贪便宜而轻易购买明显低于市场价的房产。一方面有可能遭到诈骗；另一方面在卖家系无权处分的情况下，买家无法取得房产。（房管部门登记的房屋所有权人并不是真正的所有权人，"假所有权人"把并不属于自己的房屋卖给买家并过了户。如果买家不知情又支付了合理对价，就叫作"善意第三人"，可以取得房产的所有权。而"真所有权人"无法追回自己的房产，只能找"假所有权人"赔偿损失。但如果买家支付的房价显著低于市场价，则推定买家知情，"真所有权人"可以要求买家返还房产。）

3. 在购买期房时，由于房屋尚未建好不能登记，为了防止开发商"一房二卖"，应到房管部门进行"预告登记"。预告登记以后，未经登记的权利人同意，开发商无权将该房屋卖给他人，或抵押给他人等。

但是一旦房屋建成后可以登记了，购房者就应该尽快去办理登记手续。因为从可以办理之日起3个月还未办理登记的，预告登记就失效了。

4. 在购买一手房时，要查验开发商"五证"原件，即《国有土地使用证》《建设用地规划许可证》《建设工程规划许可证》《建筑工程施工许可证》《商品房预售许可证》。"五证"不齐的楼盘可能面临无法办理贷款、无法办理产权证等后果，给购房者带来重大损失。

5. 如果遭遇"被违约"，应搜集证据证明自己受到的实际损失。违约金和赔偿金一般情况是不能同时适用的，但若对方违约给自己造成的实际损失大于违约金，可以起诉要求按实际损失赔偿。

二、租房中的法律问题

案例

　　李雷为了儿子李明上学方便，想在李明学校附近租房，但是没有找到合适的房源。后李雷得到消息，得知韩梅梅有一套两层的复式小户型打算放租，于是找到韩。韩以房子尚未装修好为由拒绝。李发现，韩所谓的"没装修好"是指该复式房里的楼梯尚未安装护栏和扶手。李认为这并不影响居住，于是表示愿意租下该房，在上下楼时会注意安全。于是韩将房屋租给李。

　　两个月后，李在下楼梯时不小心摔倒，由于没有楼梯护栏，直接从楼梯侧面跌落，造成左腿小腿骨折。李以韩出租的房屋有安全隐患为由，要求韩支付部分医药费。韩拒绝，李将韩诉至法院。

　　法院判决韩支付李 50% 医药费。

　　随着房价飞涨，租房成为越来越多人的选择。但是，租房中有很多法律问题，并不是每一个租客都清楚。其实，在租房前、承租中甚至解除租约之后，租客和房主都有可能出现法律纠纷，给双方带来困扰。为了避免麻烦，就要防患未然。本计要讲的就是租房中常见的各种法律问题，希望大家在了解以后可以做好自我保护。

承租前应注意核实房源

1. 核实"房东"身份，确认"房东"有权出租该房产。

查看房产证，如果"房东"是所有权人，且房屋没有被抵押，那么安全性较高。

如果房屋上有抵押，要向"房东"了解房屋抵押情况，考虑是否有被执行抵押的可能，并且应要求"房东"书面保证承租期间不会出现房屋被执行抵押的情况（约定违约责任，一旦被执行抵押，"房东"应对租客进行赔偿）。

如果房产证上除了"房东"以外还有其他所有权人，应要求其他权利人作出表示（出具字据），同意出租该房产。

如果"房东"并非所有权人，应向房屋所有权人核实"房东"是否有权出租该房产。如果房屋所有权人同意出租，应要求其出具书面说明。

也许有人认为这很麻烦，但这确实非常必要。之前"假房东跑路"事件屡屡发生，正是因为租客的轻信。假房东收取了租客的押金和预交的房租之后携款跑路，等真房东上门收房时租客才惊呼上当。结果既被骗了钱，又没了住处。为了避免这样的悲剧发生在自己身上，还是应不怕麻烦在承租之前留心确认一下"房东"身份为好。

2. 确认房产性质。

房产性质有商业和住宅之分，在租房时要根据自己的需要选择好。

如果租的是住宅用房，是不可以从事经营性活动的。虽然在理论上，如果小区管理公约不禁止，且同一栋的其他业主书面同意，可以将住宅用房用作商业活动；但在实践中，小区管理公约基本上都会作出相反规定，其他业主也基本上不会同意。

如果租的是商业用房用来居住，水电费、物业费都会比租住宅用房高出很多。

3. 确认房产质量。

房东有义务保障其出租的房屋、房屋里面附带的家电家具可以安全使用。为了安全起见，租客在承租、入住之前，必须检查确认房屋内设施，要求房东排除安全隐患。租客在入住后才发现安全隐患的，也有权利要求房东排除；房东拒绝的，租客可以解除合同。如果因为房屋不符合安全标准，给租客造成了损失，租客可以要求房东在责任范围内进行赔偿。

我们开篇案例讲的就是这一问题。法院经审查认为，房东韩明知房屋内的楼梯没有安装围栏和扶手存在安全隐患仍将房屋出租，且出租后也没有进行安装，没有尽到安全保障义务，要对租客李遭受的损害承担一定的赔偿责任；李在居住中明知楼梯有危险仍没有去主动排除隐患，且大意跌倒，自己也存在过失，于是判决双方各承担 50% 的责任。

租房合同中要注意的问题

1. 签订书面租房合同。一方面，法律规定租赁期限超过6个月的，应当签订书面合同，否则将视为不定期租赁，双方都可以随时解除合同。不定期租赁往往对租客更为不利，因为房东随时都可能收房，导致租客"无家可归"。另一方面，口头合同一来太过简单，二来无从考证。双方关于权利义务的约定没有用"白纸黑字"固定下来，将来一旦发生纠纷很难"说得清"。

2. 约定好由谁来承担承租期间房屋、家具的修缮义务。租客正常使用的房屋、家具等出现故障，在没有约定的前提下，按照法律规定，应当由房东来承担修缮义务。虽然已经有法律规定，但还是建议大家在签订租房合同时针对这一问题和房东进行确认，并将约定写在合同中，避免日后扯皮。

3. 约定好违约责任。一方面，明确违约责任可以使双方对违约成本了然于胸，在违约时可以有一个利益衡量。另一方面，明确违约责任可以避免矛盾、扯皮，违约方按照约定对另一方进行补偿，可以迅速、公平地解除租赁合同。

举个例子：

张三将房子租给李四，约定租金5000元/月，租期2年，无论哪方违约，需支付另一方10000元违约金。1年后，赵五找到张三，表示愿意以6000元/月的价格承租该房1年。此时张三就可以计算一下：如果答应赵五，那意味着对李四违约，要赔偿李四10000元。但是赵五每个月比李四多支付1000元房租,1年下来比李四多支付12000元。这样算来还是赚了2000元。假如张三衡量后,认为多赚2000元比较划算而选择将房子租给赵五,那么就可以通知李四终止合同,并给李四10000元违约金。李四原本对张三提前收房行为很气愤,但是考虑到张三也按照当初的约定向自己支付了10000元,算下来不亏有赚,于是欣然同意搬走。

但是如果张三和李四没有提前约定,在一方违约时就要和另一方协商,通常情况下临时协商效果都不会很好,尤其是在违约金数额的问题上,双方往往出现扯皮。

4.标注好物业清单。房东一般会向租客收取一定数额的押金作为担保。如果在退房时租客把所有的房租、物业费、水电燃气费等其他费用全部结清,也没有对房东造成损失需要抵扣,那么房东会把押金返还给租客。但是有一些房东会在退房验收时"挑毛病",目的就是克扣部分押金。为了避免这一问题,在一开始就要防患于未然。在房东交房时,租客就应该在租房合同里列好物业清单,将房屋状况、设施、家具家电的数量、质量、新旧程度、是否损坏等,以及水表、电表、燃气表的起算点等重要信息进行标注。

承租期间的法律问题

1."改造"要经过房东同意。租客未经房东允许对房屋进行改造或增设他物，房东可以要求恢复原状或赔偿损失。即使是将房屋装修得更好，也要经过房东同意。为了避免麻烦，建议大家大到更改房屋格局、隔断，小到墙壁打孔（如安置空调、窗帘、升降衣架等都需要打孔），都要知会房东，取得同意。因为即使只是墙壁打孔，房东也可能在退租时以破坏了墙壁为由克扣押金。

2."转租"问题多。有些租客租期未满，由于一些特殊原因不想继续承租，又不想违约赔钱，于是想将房屋转租给第三人，自己当起"二房东"。但这里却有很多风险：

第一，转租必须经过房东同意。房东发现租客擅自转租，有权解除合同收回房屋，并追究其违约责任。这样一来，既向房东赔了钱，又可能因为房子被收回而面临第三人的追究。

第二，即使房东同意转租，"二房东"也并没有退出原来的租赁关系。转租，不等于解除原租赁合同，而是在原租赁合同有效的前提下，允许原租客将该房屋出租给第三人。简单来说就是第三人向"二房东"负责；"二房东"向房东负责。那么"二房东"的风险就在于，一方面要对第三人承担"房东"的责任，另一方面要对原房东承担"租客"的责任。比如，第三人对房屋造成损失，自己要向房东承担赔偿责任，再向第三人追索；第三人没按时交房租，自己要向房东垫付房租，再向第三人追索；第三人从事违法活动，自己可能因没有尽到安全审查义务、登记备案义务而需承担责任；房屋存在隐患导致第三人受伤，自己要承担赔偿责任，再向原房东追索等。

3. 承租房屋所有权变化。房东将我承租的房子卖掉了，新房东会不会"不认账"？不用担心，租赁期间租赁物发生所有权变动，不影响租赁合同的效力。也就是所谓的"买卖不破租赁"原则。原租赁合同继续生效，对新房东有约束力。新房东继承老房东的各项权利义务。通俗点说，租客依然可以按照原定价格、原定租期继续承租该房屋。

房东在卖房子前，应提前通知租客，租客在同等条件下享有优先购买的权利。就是说如果租客和第三人都想买房东的房子，在同样的条件下房东应该将该房卖给租客。所谓"同等条件"，要将卖价、付款方式（一次性或分期）、付款时间等影响房东可得利益的各因素综合纳入考虑。

当然并不是说新房东一定不能收房。因为合同允许违约，如果新房东愿意按照原租房合同的约定支付违约金，或经过与租客协商双方达成协议，仍然可以将房屋提前收回。

退租时要注意的问题

1. 退租主要涉及退押金问题，前面已经提及。租客要将房屋及入住时房东提供的家具家电完好无损地归还房东，房东确认无误，并确认租客没有拖欠费用或造成其他损失后，应将押金一次性全部返还。租客对其正常使用房屋及家电家具所造成的自然损耗不承担赔偿责任，房东不能以房屋、家具被用旧了为由克扣押金。

2. 在承租时租客和房东一般都会交换证件复印件，这里提醒大家在退租时尽量要求对方返还或当面撕毁。为了防止对方不当使用，也可以在当初交付时就在复印件上注明"此证件仅用于房屋租赁使用"，并注明有效期限。

年律师说法
公民维权 第2计

1. 我国住建部、公安部都发过文要求租房必须办理登记备案，但在现实中出租屋登记备案率很低。大家不去登记的主要原因是"嫌麻烦"。但是备案登记其实是对双方均有利的。因为备案登记的过程，就是国家有关部门对双方当事人身份进行核实审查的过程。对租客来说可以避免遭受"假房东"欺骗；对房东来说排除了租客是在逃犯人或犯罪嫌疑人的可能，同时也可有效降低租客在自己的房屋内从事违法犯罪活动的可能性。即使租客搬入后真的从事非法活动，自己也因登记备案被视为尽到安全审查义务而免责。

所以，希望大家不要嫌麻烦，在租房合同签订后及时到派出所和出租屋管理部门登记备案。

2. 租客明知房屋存在危及安全健康的问题隐患，仍与房东订立租赁合同的，并不免除房东的安全保障责任；且租客依然有权以房屋不符合安全标准为由，随时解除租赁合同。这对房东来说无疑是不利的。所以房东不可贪便宜或图省事将有安全隐患的房屋出租，给自己留下后患。

3.在承租期间对房屋或房东提供的家电家具进行维修的，要及时通知房东，并保留好维修证明和付款（维修款）小票，方便找房东报销相关费用。

4.交房时和房东核实物业清单，如果房屋或家具家电有破损、毁坏、污染，要在清单中进行注明。最好进行拍照留存，以防退房时出现扯皮现象。

5.改造房屋结构、墙壁打孔时尽量要求房东书面签字同意。如果房东嫌麻烦不愿意过来签字，租客可以通过手机短信、微信、电子邮件、QQ等聊天工具与之确认，以便留下电子证据。在聊天记录中要注意尽量将房屋改造的具体计划、打孔大小及数量等问题描述详细。

6.在租赁合同中应明文规定违约责任，避免含糊其辞。比如明文规定违约金具体数额，避免"一定数额的赔偿"这类模糊说法。

三、确保你的钱"有借有还"

案例

　　李雷想做点小买卖，缺乏启动资金，于是向韩梅梅借钱。韩于 2014 年 3 月 10 日借给李 100 万元，表示让李"先拿去用"，没有约定利息及还款时间。李给韩打了欠条。两年后，李买卖做得风生水起，但与韩关系恶化。

　　2016 年 4 月 3 日，韩找到李要求还钱，并按照银行利率付息。李不予理睬。同年 8 月，李将名下房产过户给其弟，并将名下的一部奔驰轿车以 5 万元价格"卖"给其弟。同年 10 月，韩再次找到李要求还钱，但此时李名下只有银行存款 10 万元。韩多方打听，得知李将房产和奔驰车转移的事实，于是向法院提起诉讼。但此时李弟已经将房产和奔驰车卖掉，带着钱出国了。韩欲哭无泪。

　　亲戚、朋友间相互周转，以解决"燃眉之急"，本不是什么大事。但是，如果借出去的钱数额不小，对方又迟迟不还，那么就会让人很头痛。身边鲜活的欠钱不还的例子越来越多，

"借钱"变得很敏感。亲朋有难处,不借吧?显得不仁义。借吧?又担心收不回来。那么本计我们就来学习,如何确保债权实现,让你的钱"有借有还"。

借钱之前先"摸底"

一方面先探探底,了解一下债务人有没有还钱的能力。尽量将借钱的数额控制在对方能偿还的范围内。可以综合考虑对方的定期存款数额、名下不动产及车船等大额动产的价值、是否有其他投资理财项目、目前收入来源、收入状况以及是否有其他预期范围内的收益等来确定债务人偿还能力。

另一方面向债务人了解借款用途,保证"专款专用"。也就是说要知道他借钱是拿去干什么用的,让他按约定去用这笔钱,否则自己有权收回借款。比方说借钱去赌博,那十有八九收不回来;借钱去投资,就要看这个投资项目是否稳妥、靠谱。了解并固定钱款用途可以有助于债权人评估并减小风险。

认真对待借款合同

不要觉得借款合同伤感情,事先把话说清楚总好过遇到问题时闹纠纷。有人说借款合同听起来好像很复杂,我们不会写怎么办?其实,并没有想象中那么难,我们常用的"欠条"就属于借款合同。只要把借款事实和关于还款的各项约定写清楚，双方确认签字就好了。起草借款合同，要注意：

1. 重要的信息必须写得清楚明白，没有争议。重要信息比如借款人身份、借款数额、借款时间、利息（利率）、还款期限、还款方式等。

日常亲朋之间的借款如果没有约定利息，到期是不能主张付息的。所以如果想要利息，必须在借款合同中明确进行约定。而且法律不允许高利贷，只支持最高不高于银行同类贷款利率4倍的约定。

未约定还款期限的，双方均可以随时要求还款，但是债权人要求还款的，应当给债务人必要的准备时间。如果约定还款期限，应尽量精确到具体日期，避免含糊其词。比如约定"2016年12月30日还款"，就好过"2016年末还款"。

2. 约定好违约责任。事先约定万一对方到期不能还款要如何处理。可以约定违约金具体数额或违约金的计算方式，出现问题直接按约定赔偿。

3. 约定担保条款。可以让债务人提供物保（抵押或质押）或人保（保证人），一旦到期还不上钱，可以把其担保物（抵押物或质押物）折价、拍卖或变卖还钱，或让保证人还钱。约定担保相当于给债权得以顺利实现提供了一条"后路"，是保护债权的重要手段。

4. 可以约定特殊情况下债权人"提前收款"权利。比如当债权人发现债务人未按约定的用途使用借款，或债务人经济条件严重恶化、恶意转移财产、恶意减损抵押物价值或其他可能威胁到债权实现的情况时，有权提前收回借款。

借钱后要留心债务人"动向"

为了保护自己的债权，一定要留心债务人的经济状况是否有恶化，或者是否有"赖账"的倾向。发现问题后尽早作出应对措施。

1. 及早发现债务人还不上债的苗头，按照约定提前收回借款。当然这要求双方在借款合同中有相关约定。债权人要监督债务人经济状况，发现问题及时要求提前还款或提供相应的担保。

2. 防止债务人恶意转移财产。债务人不想还钱，又怕债权人通过诉讼、仲裁申请法院强制执行，于是就想通过转移财产塑造出一副"要钱没有，要命一条"的假象。如果债权人没能及时发现，等到要账的时候才发现债务人已经一无所有，就会十分被动。就像我们开篇的案例中的韩梅梅，即使拿到法院的判决，也无法实现债权。为了避免出现这样"赢了官司输了钱"的悲剧，债权人就要"盯好"债务人，防止他恶意转移财产。具体来说，就是防止债务人把自己名下的财产无偿赠送或以不合理的低价转让给他人导致自己丧失还款能力。一旦发现此类行为，债权人可以行使"撤销权"，向法院起诉申请撤销债务人行为。

3. 防止债务人放弃到期债权。这其实是一个"三角债"的问题。简单来举例，张三欠你钱；李四欠张三钱。张三自己没钱还你，却又免了李四的债。这肯定是损害了你的利益的。此时你作为债权人，有权代替张三管李四要钱，用收回来的钱直接冲抵张三对你的债务。所以，如果你的债务人到期无力还债，但又有对第三人的到期债权，你应当督促债务人及时行使债权；如果债务人放弃债权，你应行使"代位权"，向法院起诉第三人要求还债。

债务人到期不能还债，及时主张权利

如果确实出现到期债务人还不上钱的情况，债权人切不可碍于面子不好意思催要。因为债权人的怠于催要很有可能导致这笔钱"有借无还"。

1. 连续 3 年不主张权利，债权人丧失胜诉权。这 3 年的期间被称作"诉讼时效"，超过诉讼时效，权利人丧失胜诉权。举例来说，就是债务人到期不还钱，但债权人一直没催要，债务人也一直没说要还，经过 3 年后，债务人就可以不还钱了。

注意这 3 年的期间是要连续的，从债务人本该还钱的那天起算。如果债权人要了债，或债务人表示了要还钱，那么经过的时间归零，诉讼时效重新起算。如果双方都一直沉默不作表示，3 年后这笔钱就变成自然债务，就是说债务人可还可不还了。所以，时不时向债务人"催账"是很重要的。

2. 如果债务人提供了人保，及时主张权利可以避免人保"过期"。一般保证中，债权人应该在保证期间内向债务人要债；连带保证中，债权人应该在保证期间内向保证人要债。如果债权人超过了保证期间而没有要债，那么人保就会"过期"失效。

现在我们来看开篇案例。

韩和李未约定利息，则推定为不要利息。韩只能主张 100 万元债权。双方未约定还款期限，韩可以随时主张还款。韩要钱后，李将房产免费赠与其弟，又将奔驰车以不合理低价"卖"给其弟，明显属于恶意转移财产，导致自己无法足额偿还对韩的债务。韩可以向法院起诉要求撤销李的赠与及转让行为。但是等韩发现李的行为时，为时已晚，李弟已经将房产和车卖给不知情的第三人。从保护交易安全的角度出发，第三人受到保护，韩不能追回房产和车，只能找李弟和李要求赔偿。但李弟已经出国找不到人，而李名下只有 10 万元，明显还不上钱。此时韩就处于十分被动的境地。如果她能在李弟把房车卖掉之前及时发现，并行使撤销权，就有可能实现自己的债权了。

年律师说法

公民维权 第3计

1. 借别人钱一定要让债务人打欠条，并将欠条保留好。如果欠条遗失，应要求债务人补写。可以将欠条多复印几张存放。在打欠条时，要求债务人将身份证号写在名字后面（避免重名有歧义）；要求债务人将住址写清楚（一旦日后起纠纷要起诉，需要向被告所在地的法院起诉）；要求债务人提供身份证复印件；将借款的数额、利率、还款日期等用阿拉伯数字和中文大写分别写明（中文大写不易篡改）。

2. 债务人提供物保，无论法律是否有强制性规定，都应尽量到相关主管部门进行登记。抵押或质押登记，可以极大地保护债权人利益，防止抵押人或出质人私自处分抵押物或质押物。

比如以房屋或不动产抵押的，要去房管局或国土局登记；以车辆抵押的，要去车管所登记；以基金、股权质押的，要去证券登记结算机构或工商行政管理部门登记；以应收账款质押的，要去信贷征信机构办理登记等。

3. 每次向债务人要债，尽量留下证据。可以录音、录像，也可以用短信、邮件、微信、QQ 等社交软件，要注意保留聊天记录作为电子证据；也可以通过书面的《催收函》催收，并要求债务人签字确认；也可以要求债务人给自己书写《保证书》，作出还款承诺等。这些证据可以用来中断诉讼时效，使 3 年的诉讼时效重新计算。

4. 发现债务人打算转移财产、减损财产价值，或打算跑路时，要赶紧起诉，并申请保全债务人的财产。

如果出现紧急情况，不立即保全可能会给债权人造成无法挽回的损失时，即使债权人还没有起诉，也可以提供证据给法院，申请诉前财产保全，先把债务人的财产"冻住"，然后再立即起诉。

5. 如果债务人到期不还钱，债权人可以带着债务人的欠条以及其他相关证据向法院申请"支付令"。如果证据明确，法院会向债务人签发支付令。

支付令可以快捷地解决债权债务纠纷。如债务人签收了支付令后 15 日没有向法院提出书面异议，则债权人可以直接申请法院强制执行**债务人财产**。跳过了复杂的开庭审理程序，直接进入执行程序，**大大缩短债权人**实现债权的时间。

四、"借车"的风险

案例

　　李雷要相亲，于是找到韩梅梅借车，说好第二天就归还。韩虽不情愿，但碍于情面同意了。没想到当晚接到电话，得知李出了车祸，李死亡，车内女子露西重伤住院。经查，李刚刚通过路考，尚未取得驾照，并没有开车上路的经验。露找到韩要求赔偿。

　　朋友间相互借车、换车开的情况并不少见，但是你真的了解"借车"的风险吗？本计将告诉你"借车"可能带来哪些意想不到的"麻烦"。

经济损失

　　借车人上路发生事故，如果对方全责，且对方有保险，还相对简单一些，向对方保险公司理赔即可；如果对方全责但没有保险，就只能向对方车主（或驾车人）要求赔偿，如果对方赖账或真的没钱赔就会比较麻烦；如果是借车人一方责任，虽可以向出借人的保险公司理赔，但是下一年保费就会增高；如果借车人转手又将车借给第三人，第三人并没有经过出借人同意而驾驶车辆发生事故，那么出借人的保险公司是不赔的，出借人的损失只能找第三人和借车人赔偿。

如果事故导致借车人一方赔偿金较多，超过了保险公司赔偿数额上限，那么超出部分要由借车人赔偿。但是，如果出借人在借车时存在过错，则也要承担相应责任。

出借人过错，主要包括：

1. 车辆有问题。即车辆不符合安全上路标准，比如车辆是拼装车、擅自改装车或已经达到报废标准等。

2. 未尽审查义务。即出借人没有审查借车人是否具备开车的能力，开车是否有现实危险。包括借车人是否有合法有效的驾证、驾证类型是否与车辆相符，以及精神状态是否良好，有无饮酒或吸食毒品等。

3. 未尽告知义务。即出借人没有把车辆的某些可能导致危险的功能性缺陷或相关车况告知借车人，从而导致了事故的发生、损害结果的出现。

如果出借人没有以上的任何一项过错，那么对借车人造成的损失免责。即便借车人出了事故之后无力赔偿，对方也不能找出借人索赔。

但是如果出借人有任何一项过错，那么就要对借车人造成的损失承担一定的赔偿责任（具体责任比例可协商，协商不成由法院判决）。虽然一般情况下借车人承担的比例占大头，但是问题在于，出借人的赔偿责任属于"连带责任"！即是说如果借车人没有赔偿能力，那么对方可以要求出借人赔偿全部损失，出借人在赔偿全部损失后，可以再根据责任比例向借车人追索超出自己责任范围的部分。这就意味着出借人可能要先垫付全部赔偿金，而一旦"垫付"就有借车人跑路或无力偿还导致出借人无法追偿的风险！

行 政 处 罚

如果借车人没有驾照、驾照被吊销或暂扣，出借人还可能受到交管部门 200～2000 元的罚款，并可能被吊销驾证。

刑 事 责 任

如果车被借去从事犯罪活动，那么出借人就可能会受到"连累"。

明知借车人要去犯罪而借车的，应按照共同犯罪处理。也就是说，借车人犯了什么罪，出借人就要按照"共犯"承担相同的罪名，并要承担刑事责任。

出借人确实不知道借车人要从事犯罪行为而借车的，不属于犯罪。但是车辆属于涉案的交通工具，又有证据的性质，一般情况下会被公安机关扣押，等到案件查清，甚至要等到案件处理完毕以后才能申请领回。这个时间段可能是很久的，会给出借人造成极大的麻烦。

另外，由于车辆涉案，出借人因为有共同犯罪的嫌疑，可能会多次被公安部门传唤调查询问，这也会给出借人正常的工作生活带来极大的困扰和影响。

我们现在回顾开篇的案例。

李刚刚通过路考，尚未取得驾照，则认定为不具有驾驶能力。韩将车借给李，没有尽到审查义务，有过错，对事故的发生有一定的责任，对李死亡、露重伤的结果要承担一定的赔偿责任（具体承担的比例可由法院判定）。

由于韩的赔偿责任是连带责任，则露可以选择要求韩承担全部责任。韩在赔偿露以后，可以向李追偿。但李已经死亡，韩只能看李是否有遗产——如果有，可以就李的遗产行使追偿权；如果没有，则无法追偿。另外，韩由于违反了《道路交通安全法》，把车借给尚未取得驾照的人，也面临着被交管部门处以 200 元以上 2000 元以下罚款，以及吊销驾照的可能。

年律师说法

公民维权 第 *4* 计

1. 把车借给别人之前，最好签一个借车协议，将车辆的特殊情况、特殊性能、在行驶中存在哪些问题隐患和需要注意什么问题都写明；注明禁止借车人有任何违反交通法规及法律的行为；要求借车人书面保证其持有有效的并且和车辆类型匹配的驾照，而且将不会在酒后、吸毒后或极其疲惫、极度沮丧等精神状态不佳的情况下开车。然后将借车人驾照复印件留一份附在借车协议后面。

如果不方便签协议，可以将以上谈到的各项内容以可保存取证的形式（如短信、微信、QQ等）与借车人形成聊天记录，并要求借车人将驾照拍照给自己留存。这些电子证据也可以证明在借车之前已尽到审查及告知义务。

2.在借车之前，以可保存取证的形式询问借车人借车目的，并要求其按照约定使用车辆。一旦借车人从事违法犯罪活动，出借人可以以此证明自己并不知情。

3.可以要求借车人预先提供一笔"保证金"。在把车交给借车人之前，与借车人一起检查车辆整体状况，并查询该车的违章记录情况。等借车人将车归还，要确认车辆完好并没有增加违章时再返还保证金。

4.告知借车人一定不要将车再转借他人。保险公司一般都规定，未经被保险人（一般都是出借人）允许驾驶投保车辆出了事故的，保险公司不赔偿。退一步讲，借车人将车转借他人之前，一定要经过出借人同意。

5.借车之前要确保车辆可以正常驾驶，已按时年检，并有保险等。建议不将未投商业保险的车辆或保险额度很低的车辆借给他人。

五、"为人作保"的风险

案例

　　李雷打算开公司但资金不够，找到韩梅梅借钱 30 万元（未约定利息），约定并提供自己名下的小轿车一辆作为抵押。韩认为轿车属于消耗品，不足以担保债权。于是李又找到好友林涛和露西，两人同意给李作保，并以保证人的身份在李和韩的借款合同底部签了字。

　　后李公司倒闭不能如期还款，李身无分文。韩找到林要求其承担债务，林以李已经提供其小轿车为抵押为由拒绝承担债务。韩随后与李协商，用李的小轿车折价 10 万元抵债。

　　然后韩再次找到林，要求林承担剩余的 20 万元债务。林认为自己和露两个人都是保证人，不应该仅由自己一人承担债务，于是仅向韩支付了 10 万元。

　　韩欲找露索要剩余债务，但发现露其实家境困难，并没有偿还能力。于是韩将林诉至法院。法院判决林向韩承担剩余 10 万元还款责任。

"为人作保"在生活中很常见，如银行贷款往往要求贷款人提供保证人。我们一般都会觉得这只是走一个形式，只要找个亲戚或者朋友过来帮忙签个字就好。当别人找到自己作保时，也可能随随便便就答应了。"保证人"顾名思义，就是保证债权人能够实现债权的人。如果债权到期但债务人不能还钱，那么保证人负责还钱。在签订保证合同之前，请一定要三思，自己是否愿意、并且能够承担"保证人"带来的风险。

那么保证人究竟有什么风险呢？本计我们来学习法律对保证人责任的相关规定。

担 保 合 同

保证人可以与债权人单独签订保证合同，也可以不单独签合同，而是将保证条款写入债权人与债务人的借款合同中，保证人在借款合同底部以保证人的身份签字。

保 证 方 式

保证人的保证方式有"一般保证"和"连带保证"之分。一般保证，是指只有在债权人已经通过诉讼、仲裁，并且就债务人的财产依法强制执行之后仍不能实现债权时，才能向保证人要求承担保证责任；而连带保证中，只要债权到期没有实现，债权人可以自由选择向债务人或保证人主张债权。

举例说明：

张三向李四借钱，王五作保证人。张三到期没还钱。如果王五是一般保证人，那么李四必须先向张三要钱，而且必须是经过诉讼或仲裁程序，且已经对张三财产强制执行。这之后债务仍没还清时，李四才能找王五要剩余的钱。如果王五是连带保证人，那么李四可以自由决定找张三或者王五要全部的钱。

可以看出，对债权人来说"连带保证"更有利；而对保证人来说，"一般保证"更安全。

保证人可以和债权人约定保证方式是"一般保证"还是"连带保证"。如果双方没有约定，则推定为"连带保证"。

担保范围

如果保证人与债权人就担保范围有约定，从其约定。如果没有约定，那么保证人的担保范围是债务人的全部债务，具体包括债权人的主债权及利息、违约金、损害赔偿金和实现债权的费用。即是说，保证人不单单要对债务人的"借款"负责，还包括"借款"利息；如果债务人违反与债权人借款合同的约定，还可能产生违约金；如果债务人给债权人造成损失，还产生损害赔偿金；如果债权人在催收欠款、实现债权中产生费用，还包括这笔费用。

债务人在借款时，如果既提供保证人，又用自己的财物提供了物保（抵押或质押），那么债权人应当先就该物保实现债权。但是如果债务人不是用自己的财物提供物保，而是由其他人帮他提供了物保，那么债权人就可以自由选择是就人保或者就物保实现债权。如果合同另有约定的，从其约定。

举例说明：

张三向李四借钱，用自己的房子进行抵押作物保，然后又叫王五作人保。到期张三还不上钱。此时李四应该先就张三的房子实现债权（折价或拍卖、变卖后就价款受偿），不足部分再根据王五是一般保证还是连带保证，选择找张三或者王五要钱。总之王五人保范围，是在张三的全部债务中刨除其物保价值的。

但是如果换一种情况，张三向李四借钱，赵六用其房屋为张三作物保，王五又为张三做人保。到期张三还不上钱。此时李四可以自由选择找赵六还是找王五。如果李四选择找王五，王五的人保范围是张三的全部债务。

从这可以看出，在给人作保时，如果债务人自己已经提供了物保（抵押或者质押），可以减轻保证人的保证责任。

如果债务人提供了不止一个保证人，那么就涉及保证责任如何分担的问题。如果债权人与保证人有约定，从其约定；如果没有约定，那么任何一个保证人都对债务人的全部债务负责。任何一个保证人在清偿债务之后，都可以向债务人追偿。

未获得债务人清偿的部分，保证人可以向其他保证人主张权利。如果各保证人之间对如何分担担保责任有约定，从其约定；没有约定，平均分担。

举例说明：

张三向李四借钱 100 万元，王五、赵六两人为张三作保。

如果王五、赵六与李四约定，每个人提供 50 万元的保证。那么张三不能还钱时，李四可以找王五、赵六分别要 50 万元。

如果王五、赵六未与李四进行约定，那么王五、赵六均对张三的 100 万元主债务、利息以及其他可能出现的违约金、赔偿金等全部债务承担保证责任，李四可以找任何一人承担全部责任。假如李四找到的是王五，王五将全部债务共计 110 万元还清了。那么王五可以找张三追偿这 110 万元。如果张三只能还清 80 万元，还剩 30 万元无力偿还，王五可以向赵六追偿其应承担的部分。假如王五、赵六当初约定了两人承担保证责任的比例是 1：2，那么张三无力偿还的 30 万元债务，王五应负担 10 万元，赵六负担 20 万元。王五应该向赵六追 20 万元。如果两人当初并没有约定保证责任比例，那么推定两人平均分担，每个人应承担 15 万元。王五可以向赵六追偿 15 万元。

现在我们回顾开篇的案例。

李向韩借钱 30 万元，提供自己的车做物保（抵押），提供林、露做人保。林、露没有与韩约定担保方式，视为连带保证。

李到期还不上钱，韩应当先就李的物保实现债权，其余不足部分可以找李、林、露三人中的任何人索要。韩选择向林索要，林就有义务清偿。林清偿以后，可以向李追索。但是案例中李已经身无分文，没有偿还能力，所以林可以找露追索。林、露没有约定各自承担的担保责任的比例，推定平均承担。林可以向露追索10万元。

债务或债权转移

债务转移，是指债务人将债务转移给他人。债务转移后，新的债务人向原债权人继续履行原债务。未经保证人同意转移债务的，保证人不再承担保证责任。

债权转移，是指债权人将债权转移给他人。债权转移后，原债务人向新的债权人继续履行原债务，保证人向新的债权人继续履行保证责任。

债务转移和债权转移有些类似，都是仅改变原合同的一方当事人。但这两种情况对保证人的影响却有巨大差别。保证人的"作保"行为多是基于对债务人的信任（一般而言债务人多是保证人的亲戚、朋友），如果债务人将债务转给"他人"履行，保证人相当于要为一个自己未必了解、信任的"他人"作保，对保证人来说是不公平的。所以，未经保证人同意发生债务转移，保证人不再承担保证责任。

但债权转移对保证人的影响并不大，因为债务人对谁履行债务，一般情况下并不影响债务人能否履行债务的能力。

所以发生债权转移时，保证人仍需继续承担保证责任。

保 证 期 间

保证人与债权人约定了保证期间的，从其约定。未约定保证期间的，法律推定保证期间为自主债务履行期届满之日起 6 个月。

在约定的保证期间或上述的 6 个月期间内，一般保证中的债权人未对债务人提起诉讼或申请仲裁的，连带保证中的债权人未对保证人主张权利的，保证人不再承担保证义务。

如果保证合同中有类似"保证人承担保证责任直至债务人还本付息为止"的约定，视为对保证期间约定不明，保证期间推定为 2 年。

主合同变更

债权人与债务人协议变更主合同（一般情况下是借款合同），未经保证人书面同意，不得加重其保证责任。

即是说，债权人与债务人协议减轻债务的，不需经过保证人同意即对其生效；加重债务的，必须经过保证人书面同意才对其生效，如果没有经过其书面同意，保证人仍在原债务范围内承担保证责任。

债权人与债务人就主合同履行期限做出更改的，未经保证人书面同意，保证期间为原合同约定或法律规定的期间。

年律师说法

公民维权 第5计

1. 保证人风险大。在决定为人作保之前，请务必三思，并且仔细检查债务人与债权人签订的主合同，了解保证责任所涉及的全部债务金额（主债务＋利息，以及违约金等）。仔细考虑债务人的诚信度、是否具有还钱能力，以及万一债务人还不上钱，自己是否有替债务人还钱的能力等。

2. 为人作保，可以要求债务人提供"反担保"。即是说，保证人要求债务人提供担保，一旦将来债务人不能履行主合同，导致保证人因履行保证责任遭受了损失，可以就债务人的"反担保"实现求偿权。

举例说明：张三向李四借钱，王五作保证人。王五要求张三向自己提供反担保。张三于是找到赵六，赵六同意给张三作保证人。这样一来，万一张三还不了李四的钱，王五就要替张三还钱。王五还了李四钱之后向张三求偿，张三没钱还，王五就可以找赵六还钱。

3. 为人作保，尽量要求债务人自己也同时提供物保。这样保证人的保证责任会相应减轻。

4. 为人作保，在保证方式上尽量选择一般保证。

5. 为人作保后，要监督债务人履行债务。发现其有违约的可能，及时要求其向自己提供担保。

如果债务人"跑路"下落不明，一般保证人就会丧失掉抗辩权，债权人可以直接找一般保证人要求还钱，而无须经过起诉、仲裁及强制执行程序。

6.在力所能及的范围内向债权人承担保证责任。尽量不要对债务人的全部债务承担保证责任，而根据自己的能力，在一定金额限度内向债权人承担保证责任。把风险控制在自己能承受的范围内，即使真的替债务人还了钱也不至于影响到自己的正常生活。

7.当保证人不止一人的时候，尽量在一开始就与债权人约定好各保证人承担的保证责任比例。如果债权人同意各保证人按比例承担保证责任，那么各保证人对债务承担按份责任。否则，则是连带责任。

举例说明：

张三向李四借钱120万元，王五、赵六、孔七三人作保。三人与李四约定，如果张三不能按时还钱，三个人按照1：2：3的比例承担保证责任。后张三欠李四60万元不能偿还，李四只能找王五要10万元，找赵六要20万元，找孔七要30万元。假如一开始三人与李四没有约定，那么李四可以找三人中的任何一人要60万元。这对保证人来说是不利的。

六、孩子在学校受伤

案例 1

李雷上班期间接到儿子李明班主任电话，称李明（15岁）在学校被同学打伤了。事后了解到，李明因为和某女同学私交较好，在课间被5名男同学拉到厕所进行围殴，殴打时间持续将近10分钟，造成脑震荡、耳膜穿孔，身上多处瘀青。李雷带李明去医院进行治疗，随后到学校讨说法。

案例 2

韩梅梅下班回家发现女儿莉莉（13岁）躺在地上昏迷不醒，看到手边有一个安眠药的空瓶，急忙拨打120急救。由于抢救及时莉莉获救。韩回忆起这一段时间莉莉都神情恍惚、心事重重。在韩一再询问下得知，莉莉前一阵在学校由于疏忽大意忘记值日，被班主任当着全班同学的面打了一耳光，随后在操场被罚站一下午，莉莉自尊心受到极大伤害。韩于是到学校讨说法。

孩子在学校受到伤害，家长是最揪心的，甚至有些家长第一反应就是找学校负责。那么，学校到底应不应该对学生受伤负责呢？孩子在学校受了伤害，家长又应该如何维权？本计来为您作出解答。

学生受伤，学校是否应该承担责任

先要看学生是怎么受的伤，再来判定学校在学生受伤事件中是否要承担责任：

1.学生是因为学校的设施、场地、各种教学生活用具、学校提供的饮食等不符合安全标准导致受伤。此时家长可以要求学校承担责任。但如果学校的各项设施是符合安全标准的，老师也跟学生强调过安全使用方法，学生是由于违规操作或其他自身原因导致受伤，则无权要求学校赔偿。

2.学生是被其他同学伤害。此时有明确的侵权人，家长应找该侵权人（也就是同学）的监护人（家长）承担责任。至于学校是否承担责任，取决于学校是否有尽到教育、管理义务，对学生受伤事件是否有过错。学校未尽到教育、管理义务的，承担与其过错相适应的责任。

教育部颁发《学生伤害事故处理办法》对如何认定学校未尽到教育、管理职责进行了罗列，具体包括学校安全管理制度混乱、存在重大安全隐患、学生在校受到伤害时学校发现但未制止、未采取相应措施导致不良后果加重等。一般情况下，如果学校、班级有明确校规、班规禁止学生打架、嬉闹、伤人，并且老师及时出面制止打架行为，对受伤学生进行及时的救助、安抚，及时送医治疗并通知家长，就可以认为学校已经尽到了教育、管理职责。（毕竟学校并非监护人，对学生没有监护职责，不能苛求学校和老师时刻盯着每一个学生。）

3. 学生是被老师伤害。如果老师殴打、体罚或变相体罚学生导致学生受伤，或辱骂学生给学生造成人身损害，家长可以要求学校承担责任。但是如果老师对学生进行正常的批评教育，但学生由于自身原因（精神极度敏感脆弱等）导致人身损害，则学校不承担责任。

4. 学生在学校内受到校外人员伤害。此时有明确的侵权人——该校外人员。家长应该找侵权人承担责任。学校如果未尽到管理职责（如轻易允许校外人员进入学校、老师未及时阻止伤害行为等），则应承担相应的补充责任（补充责任意味着学校是承担责任的"后备"，只有在该侵权人的财产不足以承担全部侵权责任的情况下，学校才在过错责任范围内对不足部分承担责任）。

现在我们回顾开篇两则案例。

案例 1 中李明被同学殴打致伤，李雷应该找到打人的 5 个同学的监护人，要求其承担侵权责任。至于学校是否要承担责任，取决于是否尽到教育、管理义务。从案例中看，李明被殴打持续将近 10 分钟，这么长的时间里都没有被老师或保安发现或制止，学校难辞其咎，应该认为学校没有尽到义务，应承担部分赔偿责任。

案例 2 中莉莉的班主任在批评教育学生时,采用了暴力(打耳光)、体罚(罚站)、侮辱的方式,给莉莉造成巨大的精神伤害。学校应当对此负责,承担赔偿责任。

家长应如何维权

如果是学校设施存在危险,或老师行为过错导致学生受到人身损害,家长可以直接起诉学校要求学校赔偿损失。比较复杂的是学生之间的侵权,甚至有的是属于"校园暴力",这种情况家长必须引起重视,绝对不能姑息。

1. 一般性侵权。学生之间打打闹闹导致孩子受伤,家长可以直接起诉伤人孩子的监护人要求赔偿损失。如果家长认为学校老师有责任,可以将学校一并起诉。法院会根据学校老师的责任有无、大小来确定学校是否承担责任、承担责任的比例。

2. 校园暴力。近几年校园暴力愈演愈烈,很多在网上流传的校园暴力视频让家长们不寒而栗。校园暴力已经不单单是民事侵权的问题了,已经违反了社会治安管理,甚至已经构成犯罪。当孩子遭受校园暴力,家长必须站出来保护好自己的孩子,坚决维权。

如果孩子遭到殴打,家长应立即报警并送孩子到医院做检查及鉴定。在法律上,如果受害人构成"轻伤",则加害人构成故意伤害罪,面临刑事处罚。

但是我国有一个刑事责任年龄的问题。根据刑法规定，未满 14 周岁的人实施故意伤害他人的行为，不论造成什么后果都不承担刑事责任；已满 14 周岁但未满 16 周岁的人只有故意伤害他人导致受害人重伤或死亡时才承担刑事责任；已满 16 周岁的人，才对故意伤害致人轻伤以及以上的后果承担刑事责任，但未满 18 岁的人犯罪应当从轻或减轻处罚。

校园暴力集中出现于初中、高中，施暴人年龄基本上在 13～18 岁之间。那么出现暴力事件之后，施暴人是否应该承担刑事责任？可以参考表 1：

表　1

受害人伤势　＼　施暴人年龄	不构成轻伤	轻　伤	重　伤	死　亡
14 周岁以下	不承担	不承担	不承担	不承担
14 周岁以上～16 周岁以下	不承担	不承担	承担，但从轻或减轻处罚	承担，但从轻或减轻处罚
16 周岁以上～18 周岁以下	不承担	承担，但从轻或减轻处罚	承担，但从轻或减轻处罚	承担，但从轻或减轻处罚
18 周岁以上	不承担	承担	承担	承担

那么不承担刑事责任，是不是对施暴人就不处罚了呢？并不是。打人属于违法行为，对施暴者可以依据《治安管理处罚法》追究其行政责任（拘留或罚款）。考虑到对未成年人的保护，法律规定不满 14 周岁的人殴打他人不予处罚；已满 14 周岁不满 16 周岁的人殴打他人，不拘留；已满 16 周岁未满 18 周岁初次违反治安管理的，也不拘留；未满 18 周岁

违反治安管理，从轻或减轻处罚。

那么我们再来制作一个表格（表 2），简要说明施暴人的行政责任：

表　2

施暴人年龄＼施暴情节	情节较轻	一般性情节	有加重情节（结伙殴打他人、多次殴打他人、一次殴打多人、殴打 14 周岁以下儿童）
14 周岁以下	不处罚	不处罚	不处罚
14 周岁以上～16 周岁以下	参照 500 元以下罚款从轻或减轻处罚	参照 200～500 元罚款从轻或减轻处罚	参照 500～1000 元罚款从轻或减轻处罚
16 周岁以上～18 周岁以下	初犯，500 元以下罚款；非初犯，5 日以下拘留，或 500 元以下罚款 参照以上标准从轻或减轻处罚	初犯，200～500 元罚款；非初犯，5～10 日拘留，并处 200～500 元罚款 参照以上标准从轻或减轻处罚	初犯，500～1000 元罚款；非初犯，10～15 日拘留，并处 500～1000 元罚款。 参照以上标准从轻或减轻处罚
18 周岁以上	5 日以下拘留，或 500 元以下罚款	5～10 日拘留，并处 200～500 元罚款	10～15 日拘留，并处 500～1000 元罚款

还要说明的是，施暴人是否承担刑事责任、行政责任，都不影响受害人向其主张民事赔偿责任。被打伤孩子的家长依然可以要求施暴人的监护人承担人身损害赔偿，承担孩子的治疗费用、护理费用甚至精神损失费等。

年律师说法
公民维权 第 6 计

1. 关注孩子成长，发现孩子有不良情绪或异常，要及时与孩子沟通，或向孩子的班主任老师、同学、朋友侧面了解情况，尽早发现问题，避免事件严重化。虽然鼓励家长避免过多干涉孩子的成长，让孩子学会面对困难、自己解决问题，但是一旦事件严重化，上升到孩子被侵犯人身权利与人格尊严的层面，家长就应该及时出面帮助孩子解决问题。

2. 老师不能采用打骂、侮辱、体罚、冷暴力等手段教育学生，这对学生的人格形成及身心健康有很大负面作用。如果孩子遭到老师的暴力侵害，父母一定要与老师进行交涉，要求其立即停止侵害、给孩子道歉；也可以要求学校、教育行政部门对该老师进行行政处分或解聘；老师的暴力行为构成违法或刑事犯罪的，可以报警要求公安部门处理；对于老师暴力行为造成的损害后果，家长可以直接起诉学校要求进行赔偿。

3. 学校承担赔偿责任的前提是"未尽到教育、管理义务"。家长认为学校有过错应该承担责任，家长负责举证。但是法律为了加强对 10 周岁以下儿童的保护，加重了学校责任——如果 10 周岁以下的儿童在学校期间受到人身损害，推定学校有过错，除非学校可以提供证据证明自己无过错。

所以，如果孩子是在 10 周岁以下，家长可以直接依据孩子受伤的事实，将学校和侵权人及其监护人一并起诉；但是如果孩子已经满 10 周岁，若家长想要学校承担责任，就要搜集证据证明学校有失职。

其实一般正规学校都会有禁止打闹等校规和班规，学生打闹也通常会被老师及时阻止，一旦发生受伤情况，老师也基本都是第一时间通知家长，并送孩子去校医室或医院就诊。家长想证明学校老师有失职并不容易。很多学生在校受伤，学校会出于人道关怀给学生一定金额的补偿，但并不是所谓的"赔偿"。所以如果 10 周岁以上的孩子在校受伤，家长又没有充分的证据证明老师有过失，可以选择和学校协商调解，要求学校支付一定金额的"补偿"。

4. 如果孩子遭遇校园暴力，学校和家长应该第一时间报警，由公安机关介入调查，对施暴者行为进行定性，对涉嫌违法犯罪的施暴者进行行政处罚或移送审查起诉。一方面，警方的介入会震慑校园暴力行为，保护受侵害的孩子；另一方面警方的调查取证过程可以固定证据，家长可以将报警记录、出警记录、审查讯问笔录等作为证据在诉讼中使用。

七、医疗纠纷

案例

李雷身体不适到某民营医院就医，经诊断李雷患胆囊结石，需要手术。在手术过程中，李雷出现昏迷状况，该民营医院于是将李雷转入该市医院抢救。后抢救无效，李雷死亡。其妻韩梅梅将该民营医院诉至法院，要求赔偿。

法院查明，李雷摘除结石手术中，实施麻醉的医生系外科医生，并不具有麻醉师的资格。后经审判，该民营医院承担赔偿责任，向韩支付医疗费、死亡赔偿金等共计80万余元。

病人去医院治病，病没治好，人却没了，家属能不能要求医院赔偿？很多人认为医院没治好病，就应该赔钱。果真如此吗？本计将告诉您法律对此是如何规定的，以及出现医疗纠纷时怎么办。

老百姓和医院的医疗纠纷，主要包括两种：一种是医疗事故，另一种是不构成医疗事故的一般性纠纷。

医 疗 事 故

医疗事故，指医院及医务人员违反医疗卫生管理法律、行政法规、部门规章和诊疗护理规范、常规，过失造成病人人身损害的事故。出现医疗事故，医院负责赔偿。

出现纠纷，病人能否获赔，可以先考虑是否构成医疗事故。判断的关键就在于看医务人员有没有违规操作、是否存在过错。有，则构成医疗事故，医院必须负责。

病人未必懂医学，一般情况下并不知道，也无从知道医院的操作是否符合法律法规的规定和诊疗常规。所以出现纠纷之后，由负责医疗事故技术鉴定的医学会组织专家组进行鉴定，对医院是否存在违规和过错、是否构成医疗事故、（构成医疗事故的）事故级别、医院在事故中承担多大的责任等重要信息出具鉴定书。鉴定书主要起到一个责任认定与划分的作用。病人（家属）可以根据鉴定书的结论主张权利。

其他一般性医疗纠纷

如果经鉴定不属于医疗事故，也不代表医院就一定不需要承担赔偿责任。虽然医务人员没有违规操作，但由于其存在其他过错给病人造成损害后果的，医院要承担与其过错相适应的侵权责任。

举例说明：

张三头痛来到医院检查，医生做了常规检查并没有发现异常，于是要求张三注意休息就好。过了几天张三再次来到医院表明头痛很严重，医生询问病状后再次进行常规检查，仍然没有发现有何异常。张三一再表示头疼欲裂，要求住院，医生遂同意其办理了住院，并为其输液止痛。2小时后，护士换药时发现张三昏迷，送手术室抢救无效，后证明张三死于突发性脑溢血。

本案例中医生虽没有违规操作，但是依然有误诊的过错，且在张三一再表示头疼严重的情况下仍没有引起医生的重视，导致张三没有得到及时救治。虽然不构成医疗事故，但是医院仍应对张三的死亡承担相关赔偿责任。

一般性医疗纠纷中，病人（家属）若认为医院有责任，要求医院赔偿，则需证明医院构成侵权。简言之要求证明以下四方面内容：

①病人有损害结果；

②医务人员有诊疗行为；

③诊疗行为与损害结果有因果关系；

④医务人员有主观过错。

第①和②项很好证明，第③④项可以委托司法鉴定机构出具相关鉴定结论予以证明。如果医院有隐藏、拒绝提供、伪造、篡改、销毁病历资料的情况，推定第4项成立，病人（家属）无须再予以证明。

同时，法律也直接规定了在以下情况，医院对病人（家属）

承担损害赔偿责任。即是说，病人（家属）能够证明有以下情况造成病人损害，医院就要负责赔偿：

①医务人员没向病人（家属）说明病情、医疗措施。需要手术或特殊检查、治疗的，未说明医疗风险、代替医疗方案等，或未取得病人（家属）书面同意。

②医务人员在诊疗中未尽到与当时医疗水平相当的诊疗义务。

③药品、消毒药剂、医疗器械、血液等不合格。

另外，法律亦从反面规定了以下情况导致病人损害的，医院不承担赔偿责任：

①病人（家属）不配合医院诊疗的。但是，如果医院也有过错，仍需承担与其过错相应的责任。

②为抢救生命垂危病人等紧急情况下已经尽到合理诊疗义务的。

③限于当时的医疗水平难以诊疗的。

现在我们回顾开篇案例。

李雷的手术麻醉师并不具备相应资格，医院属于违规操作，李雷死亡构成医疗事故，医院应承担赔偿责任。

那么，出现医疗纠纷以后，病人（家属）该如何维权呢？有三种途径：第一种是直接与医院协商解决。这是最快捷的，但是由于病人（家属）属于弱势一方，可能会争取不到足额的赔偿。第二种是提请卫生行政部门调解。第三种是向法院起诉。后两种更依赖于医疗事故鉴定或司法鉴定的结果，按照鉴定结论来确定医院是否赔偿、赔偿数额多少。

年律师说法

公民维权 第7计

1. 在就医时保留一切相关凭证，包括病历本、住院志、医嘱单、检查报告、手术及麻醉记录、病理资料、护理记录、医疗费用结算单等，一旦出现任何纠纷，有迹可循。尤其是一些疾病误诊误治后并不会立即被病人察觉，等到察觉之后再去维权很多原始资料已经丢失，对病人是十分不利的。所以要养成好的习惯，保留就医凭证。

2. 当出现医疗事故纠纷，应立即着手处理，及时向卫生行政部门申请处理，尽快进行相关诊疗材料的封存（固定证据，防止医院篡改）及医疗事故技术鉴定（越早进行鉴定，鉴定结果就可能越准确）。

如果病人不幸死亡，（如果家属心理可以接受）应当进行尸检，明确死亡原因。如果家属不同意尸检，导致无法明确死亡原因，则不利于对医院责任的认定。家属一方可能会承担举证不能的不利后果。

3. 在现实生活中，一些医院医护人员在诊疗过程中，的确存在一定过失，但并不足以导致病人的损害后果。司法鉴定或医疗事故鉴定的结论也认为该过失与该损害结果之间不存在因果关系。此时从法律的角度来说医院是不用承担任何赔偿责任的。但是考虑到社会影响，一些医院往往会同意给予病人（家属）一定的补偿。这种情况下，病人（家属）一方可以考虑接受协商或调解，拿到一笔补偿金。否则一旦判决，就有可能拿不到赔偿。

但是如果鉴定结论表明医院确实存在足以导致病人损害后果的过错，那么病人（家属）一方胜诉的可能性就比较大，可以考虑通过诉讼途径主张较全面的赔偿（医疗费、误工费、伙食补助、陪护费、交通费、住宿费、残疾生活补助费、残疾用具费、丧葬费、精神损害抚慰金、被扶养人生活费等）。

4. 如果医务人员严重不负责任导致病人死亡或健康严重受损，可能涉嫌医疗事故罪。受害人（家属）可以直接报警，由警方进行调查认定。

八、坐"车"受伤，找谁赔偿

案例

　　李雷搭乘公交车去朋友家做客。路上，公交车与韩梅梅驾驶的小轿车相撞，李雷跌倒撞伤头部，被送到医院缝针住院。后交警出具事故责任认定书，韩梅梅由于违章变道承担100%的责任。李雷现在要出院，但仍然欠医院1万元医疗费。李雷要求公交公司为其清偿医药费，遭到拒绝。公交公司拿出责任认定书，要求李雷找韩梅梅追索医药费。李雷试图联系韩梅梅，但并未成功。李雷无奈将公交公司告上法庭。

　　日常出行，我们近则可能会搭乘公交车、出租车，远则搭乘长途汽车、火车、动车高铁、轮船、飞机。如果不幸遇到了交通事故受了伤，找谁来赔偿损失呢？本计就来为您作出解答。

　　乘客搭乘的交通工具性质不同，出了事故的责任承担方式也是不同的。我们将人们出行的常用交通工具按性质分为四类：第一类是我们开篇列出的公交车、出租车、长途汽车等交通工具，虽然形态各异，但在性质上统称为"公共交通工具"，搭乘公共交通工具是我们日常最主要，也是最常见、最传统的一类出行方式。第二类是随着互联网的发展出现的滴滴快车、神州专车等"网约车"，日益普遍，已经成为人们常用的一种出行方式。第三类是免费搭车，多见于邻里互帮互助，或亲友之间互相接送。第四类是我们常说的"黑车"，指一些没有合法运营执照的私家车"跑黑活"的情况。下面我们就逐一讲解。

公共交通工具

乘客乘坐公共交通工具，可能遭遇的伤害主要来自三个方面：一是来自交通工具自身，比如司机突然刹车、急转弯导致乘客跌倒受伤；二是来自交通工具上的其他乘客，比如张三在公交车上被李四打伤；三是来自交通事故，比如我们开篇案例中的情况，车祸造成了乘客李雷受伤。

但是，无论是哪种情况导致的伤害，一个不争的事实就是乘客是在公共交通工具上受的伤。根据我国的《合同法》，乘客和承运人（也就是公共交通工具的运营公司）是运输合同关系，乘客在运输过程遭受人身伤亡（但伤亡系乘客自身健康原因导致，或乘客故意、重大过失导致的除外），承运人都应承担违约责任，赔偿乘客医药费、住院费、护理费、残疾辅助用具费、误工费等因受伤导致的经济损失。

但是违约赔偿在一般情况下是不包含精神损害赔偿的。

如果乘客希望在弥补经济损失的基础上，还能得到精神损害赔偿，就只能主张侵权赔偿。

但主张侵权赔偿在举证上更为复杂，受伤的乘客不但要证明自己在运输过程中受伤的事实，还要举证侵权人有侵权行为、系侵权行为导致了自己受伤、侵权人有过错。这里最难证明的就是"侵权人有过错"，比如有人横穿马路导致司机急刹车，从而乘客摔伤，这种情况下乘客一方面很难找到横穿马路的"路人甲"来承担责任，另一方面司机并不存在过错，所以乘客无法要求承运人承担侵权责任。（这种情况下，乘客最好的做法就是要求承运人承担违约责任——不管你是否有过错，我在车上受了伤，你就要承担违约责任。）

下面我们来讲一下如何主张侵权赔偿。

1. 要确定侵权人。基于上述 3 种伤害的来源不同，侵权人也不同——第一种情况（来自交通工具自身的伤害）的侵权人是承运人；第二种情况（来自其他乘客的伤害）的侵权人主要是其他乘客，但是如果承运人有不及时制止或放任伤害行为发生、事后懈怠而没有履行及时救助义务等情况的，也可以作为侵权责任主体（但是只对因其放任或懈怠导致扩大化的伤害结果范围负责）；第三种情况（来自车祸的伤害）的侵权人是交通事故的责任人。

2. 要证明侵权人有侵权行为，且侵权行为导致了损害结果。比如第一种情况下，乘客要证明是司机的急刹车、急转弯导致自己跌倒受伤；第二种情况下，乘客要证明自己是被其他乘客打伤，主张承运人责任的还要证明在自己被打时司机或乘务员没有及时制止打斗行为、没有及时报警、没有及时把自己送医院造成了自己受伤变严重；第三种情况下，乘客要证明自己是在交通事故中受的伤。

3. 要证明侵权人有过错。比如司机存在违规行驶；乘务员对车厢内打斗事件不管不顾、乘客受伤后司机没有及时救助、送医；司机在交通事故中有责任等。

现在我们回顾开篇案例。

韩梅梅违章驾驶导致车子与公交车相撞，导致乘客李雷受伤。李雷既可以要求公交公司承担违约责任，赔偿自己住院产生的一切费用；又可以以韩梅梅侵权为由，要求韩梅梅承担侵权责任，赔偿自己住院产生的一切费用，并主张精神损害赔偿。前者李雷只需要证明自己乘坐公交车期间受伤，并提供医院的治疗费用单据；而后者李雷还需要证明韩梅梅的侵权行为、主观过错以及侵权行为与自己损失之间的因果关系。但是在本案中韩梅梅的侵权行为、主观过错及因果关系都很容易证明，李雷只需要提供交警部门的车祸处理出警记录、本次事故的责任认定书以及李雷在医院的就诊记录即可。

网 约 车

2016 年 11 月 1 日，《网络预约出租汽车经营服务管理暂行办法》（以下简称《办法》）正式生效。至此，网约车的管理终于有法可依。在此之前，乘客乘坐网约车遭遇车祸受损，维权困难重重——司机没钱赔，保险不赔付（因为保险合同中有规定以私家车名义投保的，在"运营"期间出车险，保险公司不赔），平台不处理，交警部门只能调解。为解决这一问题，《办法》明确规定，网约车平台公司承担承运人责任。这意味着，从2016年11月1日以后，如果乘客乘坐网约车受伤，可以直接找平台公司负责赔偿。

至于平台如何赔偿，就可参照上面我们讲述的"公共交通工具"中的赔偿责任来划分。

无偿互助搭乘

此处的无偿互助搭乘，是指亲朋好友、邻里等无运营性质的搭乘，并不包括运营车辆的"免票"情况。如果是运营车辆，无论乘客有没有花钱买票，都按照我们前面讲述的"公共交通工具"中的责任划分方法进行赔偿。

亲朋好友、邻里乡亲之间，甚至是陌生人之间，出于好意，免费提供"顺风车"的情况很常见，一旦出现事故造成搭车的人受伤，提供顺风车的人是否要承担责任，取决于其是否有过错。如果没有过错，那么其不承担赔偿责任，但是出于公平考虑，法院可能会要求其对搭车人作出一定的补偿；如果有过错，则应当承担与其过错相适应的赔偿责任。

举例说明：

张三免费载李四，结果路上车子突然爆胎，李四受伤。

如果张三的车都是按时年检的，张三对爆胎的事实也没有任何过错，那么对李四的损失不承担赔偿责任。但是如果李四将张三诉至法院，法官也有可能根据具体案情及李四的损失，要求张三对李四给予一定数额的经济补偿。又如，王五免费载赵六，王五超速行驶撞了车，赵六受伤。这种情况下王五对赵六的受伤就应该承担赔偿责任。但是考虑到王五是出于好意免费提供顺风车，在赔偿金额上一般会进行酌情减免。

当然，如果是第三人侵权的情况下，搭车受伤的人可以要求第三人承担侵权责任，免费提供顺风车的人如果有过错，应在其过错范围内承担责任。

举例说明：

还是张三免费载李四，开车途中车子被王五撞了，李四受伤。交警认定王五承担80%、张三承担20%的事故责任。李四可以要求王五承担80%的赔偿责任。至于张三的20%责任，李四可以要求张三赔偿，不过同样是考虑到张三的好意，法院在确定赔偿金额时会酌情减免。

这里提醒一下，如果免费提供顺风车的人是故意造成车祸导致搭车人受伤，则需要承担全部责任。如果构成犯罪（故意伤害罪甚至故意杀人罪等），还要承担刑事责任。

"黑车"

"黑车"属于非法营运，如果发生交通事故造成搭乘人员受伤，司机应承担侵权责任。如果有第三人侵权的，受伤的搭乘人员可以要求司机和第三人共同承担侵权责任。但是，考虑到搭乘人员明知是"黑车"而乘坐，也存在一定过错，也需要自己承担一部分损失。

千年律师说法
公民维权 第 *8* 计

1. 乘客因在公共交通工具上遭到其他乘客侵权而受伤，乘客以《合同法》为依据主张承运人承担违约责任的，在司法实践中，不同的法院作出的判决也不尽相同。有的法院认为只要乘客在运输期间非因个人健康原因或本人因故意、重大过失而受伤，承运人就应当承担违约责任，据此支持乘客对承运人的索赔请求；而也确实存在一些法院的判例，认为承运人只需要保证正常的运输安全即可，而第三人侵权这种情况不属于"正常运输安全"的范畴，因此不支持受伤乘客对承运人提出的索赔要求。

针对这一问题目前法律尚没有定论。所以如果遇到第三人侵权的情况，为了确保能得到赔偿，受伤乘客应立即报警，不能"放走"侵权人。公安机关着手处理后，将对事件始末及当事人双方个人信息进行记录和核实，这一方面形成了证据材料，另一方面使受伤乘客获得了侵权人的个人信息，方便其起诉及索赔。

2. 逃票的乘客在运输过程中受伤，一样有权要求承运人赔偿。逃票的乘客虽然没有支付票价，但并不因此而免除承运人"及时、安全将乘客送达目的地"的义务。承运人可以要求逃票乘客按照规定补票，但仍需向其进行损害赔偿。

3. 注意搜集证据。出了交通事故应第一时间报警，交警会对交通事故的情况进行记录，形成第一手证据；乘客也应该利用手机摄像、录音等功能取证，将事故现场、自己受伤情况摄录下来留存；最好要求承运人派员陪同自己去医院就医，如果承运人一方不能陪同，也要将自己的就医情况及时知会承运人，并保留就诊的一系列单据材料，证明自己所遭受的损失，便于日后索赔；要求交警部门出具事故责任认定书，是日后要求侵权人承担侵权责任的重要依据。

4. 免费载人，并不因为"免费"而免责，在好意施惠时，要清楚自己承担的责任与风险。

5. 坐"黑车"出了事故受伤，索赔起来十分麻烦。一是"黑车"多是个体户，运作十分不正规，为了赶时间、抢活儿，经常出现超速行驶、违章驾驶、走小路、野路、抄近路等情况，忽略交通安全；二是"黑车"由于其自身的违法性，在出了交通事故之后为了躲避交警查处常常在第一时间甩客溜之大吉，受伤的乘客往往连"黑车"车牌号、司机信息甚至司机的长相都记不住，根本找不到人索赔；三是"黑车"很少投保，赔付能力差，即使乘客起诉"黑车"司机胜诉，也有执行难的问题。所以乘坐"黑车"后患很大，建议大家不要冒风险。

6.关于公交车、长途客车、飞机等其他公共交通工具中出现第三人侵权事件时的承运人责任，法律并没有明文规定。但是在司法实践中，各地的法院的做法基本上都是判决由侵权人负责赔偿，承运人如果不存在过错，则不需要进行赔偿。

举例说明：

张三在火车上与李四发生矛盾，列车员看到了并没有及时出面制止，两人继而发生肢体冲突，张三头部被李四打出血，此时列车员进行制止但没有帮助张三止血，也没有通知列车长及时停靠送医，导致张三失血过多死亡。我们不考虑李四的刑事责任，只看民事部分。李四是侵权人，要对张三的死亡承担主要责任，但是列车员没有及时制止打斗行为也没有及时对张三进行抢救、送医，也有过错，铁路公司应当承担相应的补充责任（具体责任比例由法院根据案件事实权衡确定）。

第二章
婚姻家庭领域

九、如何离婚

案例 1

李雷和韩梅梅于 2010 年经他人介绍相识，并确立恋爱关系。李雷多次求婚，但韩梅梅都拒绝了。经追问，韩梅梅含泪说出实情，原来自己不能生育。李雷认为这不是双方的障碍，有病可以治，也可以做试管婴儿，并坚持要娶韩梅梅为妻。韩梅梅很感动，双方于 2012 年登记结婚。婚后两人到处寻医治病，但是都没有效果；也尝试了做试管婴儿，却没有成功。时间一久，李雷对韩梅梅越来越有怨气，对她日益冷淡。2015 年年底，李雷与韩梅梅协商离婚未果，遂向法院起诉。

法院经审理，未发现双方存在其他矛盾，于是判决不准离婚。

案例 2

张杰和李丽于 1998 年登记结婚并育有一子，婚后张杰开了一个超市，而李丽则放弃工作选择照顾家庭。随着张杰的生意日益红火，挣钱越来越多，开始嫌弃李丽。后张杰认识了王燕，并确定了男女朋友关系。李丽知情后考虑到自己的家庭地位低，不得不忍气吞声。于是张杰变本加厉，从开始的夜不归宿发展到在外与王燕同居，只是偶尔回家过夜看望儿子。2015 年，王燕要求张杰离婚，张杰与李丽协商未果，遂向法院起诉。

庭审中李丽表示不同意离婚，也愿意原谅张杰的婚外情行为，希望张杰尽早回归家庭。法院最终判决不准离婚。

谈恋爱的时候一方若真心提出分手，另一方坚决挽留也没有用，情侣关系也就到此结束。但是婚姻不同，婚姻不是一方真心想要离婚就一定能离得成的。那么，感情都不在了，为什么离不了婚呢？不是"不能"离，是要看你"会不会"离。本计我们为您讲解，如何顺利实现离婚。

离婚的途径

当夫妻双方决定离婚的时候，有两种选择：

1. 协议离婚。在夫妻双方对是否同意离婚、如何分割财产（包括债务）及子女抚养权问题能够协商一致时，双方带齐证件和离婚协议书到民政部门办理即可。离婚协议书要求双方自愿签署，并对财产及子女抚养权如何分配作出明确约定。离婚协议对双方具法律约束力，如果一方不履行，另一方可以向法院起诉，要求对方履行。

2. 诉讼离婚。分成两类：第一类是双方就是否离婚达不成一致意见，一方要离，另一方不同意。此时要求离婚的一方向法院起诉，法院会判决是否准予离婚。如果准予离婚，会对共同财产及子女抚养权分配问题一并作出判决。第二类是双方都同意离，但对财产或子女抚养权如何分配达不成一致意见。此时双方均可向法院起诉，法院会判决双方离婚，并对财产及子女抚养权进行分配。

要说明的是，除了这两种途径之外，夫妻关系不能解除。并没有"分居多久之后夫妻关系自动解除"的说法。

什么情况下法院会判决离婚（针对第一类诉讼离婚）

如果一方想离婚，另一方不同意，那么法院是否会判决准许，要看双方是否符合一定的条件。具体条件如下：

1. 重婚、与他人同居。是指夫妻一方（或双方），在离婚之前又与其他人登记结婚，或虽未登记结婚但同居的情况。

2. 实施家庭暴力、虐待、遗弃家庭成员。家庭成员的范围，包括夫妻双方，以及夫妻双方对之负有抚养、赡养义务的人，如子女、双方父母等。

3. 有赌博、吸毒等恶习屡教不改的。

4. 因感情不和分居满两年的。这里分居必须是因"感情不和"导致，而非其他客观原因（如双方是因为不在同一城市工作）导致的分居。

5. 双方就是否生育子女问题达不成一致意见致使感情破裂的。此处是指一方想要孩子，另一方不想要孩子，双方矛盾无法调和导致感情破裂的情况。我们开篇案例 1 中，韩梅梅是由于疾病原因无法生育，并非故意不想要孩子，所以并不符合这一情形。法院认为韩梅梅在婚前已经向李雷讲明自身存在生育困难，婚后也积极治疗，此时李雷不应以韩梅梅无法生育为由请求离婚。

6. 其他导致感情破裂的情形。每一对闹上法庭要求离婚的夫妻都有矛盾，但是矛盾并非都激烈到能够导致"感情破裂"。有时是双方怄气、一时冲动，如果这样的情况都准予离婚，那么婚姻关系则会变得危如累卵。另外，有些离婚诉讼中，一方身处弱势地位，或有疾病在身，另一方想摆脱"累赘"，逃避夫妻相互扶养的法定义务。此时如果轻易准予离婚，对弱势一方而言无异于雪上加霜，这并不符合我国婚姻法的立意。所以，这一条的适用十分谨慎，只有特别严重的情况才会被适用，比如一方发现子女并非亲生等。

只要有以上几种情况出现，法院一般会判决准予离婚。细心的朋友会发现，我们开篇的案例 2 中，张杰与王燕同居是符合"有配偶者与他人同居"这一情形的，为什么法院并不准予离婚？这里要说明一点，上述 1、2、3 都是一方有过错的情形，只有另一方据此提出离婚的请求才会被法院支持。就本案来说，张杰是过错方（与王燕同居），他不能以自己有过错而要求离婚。但如果是张杰不同意离婚，而李丽据此要求离婚，则法院会支持李丽的离婚请求。

年律师说法
公民维权 第 *9* 计

1. 慎重对待离婚协议。离婚协议对双方具有法律效力。如果一方签署之后不履行，另一方可以拿着离婚协议去法院告。只要离婚协议是双方自愿签署的，不存在骗签、逼迫签等情形，法院基本都会支持履行。有一些人为了快速离婚，在拟定离婚协议时，对财产及子女抚养权作出了草率的处分，是非常不明智的，一定要三思而后行。

2. 小心重婚。没有经过协议离婚或诉讼离婚，婚姻关系是不会自动解除的。在婚姻关系解除之前与他人登记结婚的行为属于重婚行为，重婚行为的双方都可能构成刑事犯罪——重婚罪。所以必须先离婚，才能去再婚。从另一个角度来说，当你与别人登记结婚时，要确认对方是单身。如果明知对方有配偶还与之登记结婚，那么你也会构成重婚罪。

3. 诉讼离婚时，准备好充分的证据材料。如果你想离婚，要提供证据证明双方确实已经感情破裂。可以从以下几个方面争取法官的同情和支持：

① 对方家暴、虐待或遗弃家庭成员、赌博、吸毒、嫖娼、酗酒、有违法犯罪行为、品质恶劣；

② 对方重婚、与他人同居、有婚外情；

③ 对方在婚前隐瞒了足以动摇结婚决定的重大事项；

④ 双方婚姻欠缺感情基础（如闪婚、骗婚等）；

⑤ 双方无子女；

⑥ 双方经常冷战、争吵、打架等；

⑦ 双方无夫妻生活、分居等。

如果你不想离婚。可以从以下几方面入手：

① 说明双方感情基础好，没有实质性矛盾；

② 如果对方有过错，对之表示谅解；如果自己有过错，进行自我反省，表示愿意积极做出改变和调整，促进双方感情修复；

③ 有子女，子女的健康成长需要一个完整的家庭；

④ 自己处于弱势地位，或身患疾病，或无经济来源，离婚会给自己的生存与生活带来极大困难等。

4. 收集证据。可以从以下角度入手：

① 请邻居、亲朋好友出庭作证或提供证言；

② 一方遭受家暴、虐待、遗弃时，或另一方正在进行赌博、吸毒、嫖娼或其他违法犯罪行为时，及时报警，在公安机关会有报警记录及相关笔录，这一类证据的证明力往往很强。

③ 目前，公民的婚姻状况查询渠道尚不通畅，查询他人婚姻状况比较困难。所以，当一方涉嫌重婚时，另一方较难拿到确实证据。但是由于重婚是犯罪行为，另一方可以直接报警，求助于公安机关，由公安机关进行立案侦查。

④ 调取通话记录、视频监控、银行流水、出游记录等，证明对方有婚外情行为。但这里要注意一点，视频监控是指由公众场所监控摄像头拍摄的视频，或在公众场所安置摄像头拍摄到的视频，而不可以在他人房间、办公室等隐私场所

安置摄像头进行偷拍。因为后者涉嫌侵犯他人隐私，属于非法证据，是无效的。有人会说那视频监控怎么用？其实还是有很多作用的，现在公众场合基本都有监控，比如商场、饭店、超市、电影院、小区、机场候机厅、车站、景区、宾馆的走廊等，如果两个人经常出双入对、行为亲昵，或同住一个房间，就可以证明婚外情行为的存在。

⑤ 证明分居的，可以提供自己另行租房或买房居住的合同、水电煤气费缴费单、邻居或物业出具的证明等。

十、离婚子女归谁抚养

案例

李雷和韩梅梅于 2000 年在北京登记结婚，年底生育一子李明。2007 年双方感情不和均想离婚，但对李明的抚养权问题争执不下，遂诉至法院。法院经查明：李雷和韩梅梅现居住的住宅是出租房，双方都没有房产。李雷是外地人且在北京没有亲属；韩梅梅是本地人，父母在北京居住且有一处房产，韩梅梅离婚以后将与父母同住。李雷在某工厂打工，月收入 3000 元；韩梅梅在某小学从事保洁工作，月收入 2500 元。法院于是判决李明由韩梅梅抚养，李雷每月给付抚育费 600 元。

5 年后，李雷中彩票 300 万元。于是诉至法院要求变更李明的抚养权。法院经审查，不存在变更抚养权的法定事由，遂驳回李雷的诉讼请求。

夫妻双方闹离婚，对孩子的抚养权争执不下，法院会如何判？孩子更有可能分给谁来抚养？本计为您解答。

抚养权如何分配

根据小孩年龄阶段不同，法院对抚养权分配的原则是不同的。具体区分如下：

1. 对 2 周岁以下小孩。一般判跟母亲生活，但是也有例外情况：如果母亲患有久治不愈的传染病，或患有其他不宜与小孩共同生活的严重疾病，或母亲不尽扶养义务，或母亲确有困难不能跟小孩共同生活的，父亲可要求小孩随父亲生活。

2. 对 2 ~ 10 周岁小孩。要看父母双方的条件，小孩跟随哪一方对其成长更有利，法院通常会支持哪一方。但是，有以下情况的，可以优先考虑：

① 已绝育，或无法再生育。

② 小孩随其生活时间较长，改变环境对小孩健康成长明显不利。

这里要注意，不是说一起生活时间长就一定能得到小孩的抚养权，还要求换环境对小孩的成长有"明显不利"。小孩在突然换环境的时候，肯定会有哭闹和不适应，这不属于"明显不利"，而是要从孩子身心健康、成长环境、生活条件、就医就学条件等诸多方面进行整体考量。

③ 无其他小孩，而另一方有其他孩子。

④ 双方抚养条件基本相当，但小孩单独随祖父母或外祖父母共同生活多年，且祖父母或外祖父母要求并有能力帮助照顾小孩的。

注意这里是说小孩"单独"跟随（外）祖父母生活多年，

排除掉了小孩、父母和（外）祖父母三代人共同生活的情况。举例来说，父母在外打工，小孩是留守儿童，跟外祖父母一起生活多年。父母离婚时，外祖父母表示愿意帮助女儿带小孩，此时法院就会倾向于把抚养权判给母亲。举个反例，如果是外祖父母跟随女儿女婿一起生活，平时女儿女婿上班，外祖父母在家带小孩，这种情况就不属于此范畴，此时母亲并没有优先权。

对10周岁以上小孩。小孩的个人意愿是法院作出判决的重要依据。当然，父母双方的抚养条件也会被纳入综合考量。

法院的抚养权判决生效之后，如果父母双方出现特殊情况，可以请求法院变更抚养权。比如抚养小孩的一方因患病或伤残无力继续抚养；或不尽抚养义务、虐待、对小孩健康成长造成不利影响；或10周岁以上小孩愿意随另一方生活，该方又有抚养能力等。要说明的是，出现的"特殊情况"必须确有变更抚养权的必要，不是随随便便就可以变更的，否则会使得小孩成长环境不稳定，不利于小孩健康成长。

我们来看开篇的案例。

李雷和韩梅梅在李明7岁时离婚，法院考虑到双方经济水平基本相同，韩在北京有固定住处（父母房产），且韩的父母在北京居住，可以帮助照看小孩，李明跟随韩生活更加稳定、有利，遂判决韩取得抚养权。5年后，李虽中奖300万元，经济水平有了很大提升，但是经济条件并不是抚养权归属的唯一因素，李明跟随韩生活多年，韩并没有任何不利于李明健康成长的行为，所以没有变更抚养权的必要，于是法院判决驳回李的请求。但是，如果李明向法院表示愿意跟随父亲生活，由于此时李明已经12岁，父亲也有能力抚养，法院便会准许变更抚养权。

非抚养方应该如何支付抚育费

一方抚养小孩，有权要求另一方给抚育费。抚育费包括小孩的生活费、教育费、医疗费等其他必要支出。

抚育费的数额，应根据小孩的实际需要、父母双方负担能力和当地实际生活水平确定。一般情况下，抚育费可按照月总收入的20%～30%的比例给。如果小孩不止一个，比例可以适当提高，但是一般不超过50%。

抚育费可以定期给，也可以一次性给。一般给到小孩满18周岁为止。但是有两种特殊情况：一种是可以提前不给了的——小孩已满16岁，并且以自己劳动收入为主要生活来源，并能维持当地一般生活水平。另一种是小孩满了18岁还要给的——小孩丧失劳动能力，或虽未丧失劳动能力但其收入不足以维持生活；小孩还在校读书；小孩确无独立生活能力和条件的。此时如果父母有能力给抚养费，就要继续给。

抚育费并不是一成不变的，一方面随着经济水平的不断提高，已确定的抚育费可能在几年后就无法满足小孩的实际需要；另一方面当小孩出现突发状况，比如患病、受伤、升学等，可能会临时需要一大笔钱。此时可以请求非抚养方增加抚育费，或支付部分开支。

非抚养方应该如何行使探望权

离婚后，非抚养方有权探望小孩，抚养方有义务协助。探望的时间与方式由双方协商确定，达不成协议的，由法院判决。抚养方不配合的，非抚养方可以向法院申请强制执行。但是如果非抚养方的探望不利于小孩的身心健康，抚养方可以申请法院中止其探望权。

年律师说法

公民维权 第 *10* 计

1. 小孩 2 ~ 10 岁的，争夺抚养权时，要提供证据证明自己更适合抚养小孩，或对方不适合抚养小孩。包括且不限于以下内容：

① 自己的经济条件更好，可以给小孩更好的生活；

② 自己工作不忙，可以更多地陪伴小孩；或者家有老人，有能力帮忙照看孩子；

③ 小孩跟随自己生活比较久，并且已经在自己家附近就学，改变环境不利于小孩适应校园生活；

④ 自己学历较高，可以给小孩更好的家庭教育；

⑤ 对方经济条件不好，无法满足小孩健康成长需求；

⑥ 对方有暴力倾向，或教育方式有问题；

⑦ 对方再婚的配偶不接受小孩，或歧视、虐待小孩；

⑧ 对方品质恶劣（如婚姻期间有婚外情、有违法犯罪行

为等）或有不良嗜好（赌博、酗酒、嫖娼、寻衅滋事、经常夜不归宿等），会给小孩造成不良影响；

⑨ 对方工作繁忙，经常出差在外，无法尽抚养教育义务；

⑩ 对方有不适合和小孩一起生活的疾病等。

2. 小孩在10周岁以上的，要做好孩子的思想工作，争取让孩子选择跟随自己生活。

3. 如果条件允许，尽量不要把小孩送回老家抚养。如果夫妻无法自己带小孩，可以选择请一方老人过来帮忙。如果确实需要将小孩送回，最好是让小孩在祖父母和外祖父母家轮流抚养。这样可以避免一旦离婚，长期抚养小孩的（外）祖父母帮助（母）父亲一方取得优先权。

4. 如果没有争取到小孩的抚养权，也不要灰心，在小孩10周岁以后，小孩有自主的选择权。所以要珍惜行使探望权的机会，多与小孩沟通感情，如果小孩表示愿意跟随自己生活，可以向法院起诉，请求变更抚养权。

5. 有抚养权的一方要尊重对方的探望权。一方面，孩子的成长需要来自父母双方的爱，尊重对方探望权也是给孩子创造一个健康成长的环境；另一方面，如果对对方探望小孩横加干涉，对方还是可以申请法院强制执行。并且强制执行往往导致父母双方矛盾激化，给孩子会造成更大的心理创伤。

6. 行使探望权的时候，要尽量避免和抚养方发生冲突。就算是抚养方的过错，但是如果每次行使探望权都会打得鸡飞狗跳，自然是不利于小孩身心健康的。此时为了避免对小孩造成心理伤害，法院可能会中止探望权的行使。所以如果抚养方故意制造矛盾，非抚养方应尽量选择息事宁人。如果抚养方的行为妨碍了探望权的行使，非抚养方可直接向法院申请强制执行。

7. 如何收集证据。

① 提供双方工资单、银行流水、资产明细等，证明双方经济状况。

② 提供学历学位证书等，证明双方受教育程度。

③ 村委会、居委会或邻居出具证言，证明小孩跟随自己生活，或跟随自己的父母生活。

④ 提供父母的体检报告、退休工资单或收入证明、银行存款等，证明自己的父母有能力帮忙照顾小孩。

⑤ 提供对方婚外情的证据。如何收集已在《离婚》一节中说明。

⑥ 申请法院调取对方的违法犯罪记录。包括对方曾受治安处罚或刑事处罚的记录。

⑦ 在对方实施家庭暴力（无论是打自己还是打小孩、老人）时，及时报警。家暴行为可以证明对方具有暴力倾向，不利于孩子健康成长。

⑧ 对方酗酒或有其他不良嗜好的，注意拍照或录视频取证。

⑨ 抚养方虐待小孩的，另一方应在发现虐待行为时，及时询问小孩，并带小孩去医院做检查，甚至可以带小孩去公安机关报案。同时可以质问抚养方、询问周围邻居以及小孩学校的老师、同学、朋友，并注意录音录像，为日后申请变更抚养关系做准备。

十一、离婚财产如何分割

案例

2015 年 1 月 1 日，李雷和韩梅梅登记结婚。同年 8 月 1 日，两人举办婚礼。婚礼当天，韩的父母拿出 10 万元现金作为韩的嫁妆，而李的父母则拿出 30 万元为小两口买房支付了首付款，并将房屋登记在李的名下。

李、韩婚后生活平淡，2016 年年初，李结识了王燕，并搬到王燕家住。后李、王生育一女，韩忍无可忍，要求离婚，并要求李"净身出户"。李同意离婚，但对韩的 10 万元嫁妆和自己名下的房屋所有权归属问题与韩争执不下，遂诉至法院。

经法院调解双方达成协议，10 万元嫁妆视为夫妻共同财产，韩分得 7 万元，李分得 3 万元；房屋归韩所有，韩将李父母的 30 万元房屋首付款退还给李；李另外向韩支付离婚损害赔偿 8 万元。

婚姻不同于恋爱，婚姻的背后是法律，婚姻既是一种身份关系，又交叉着紧密的财产关系。一旦离婚，身份关系可以立即消失，但财产分割却未必那么容易。当然有一部分夫妻是"和平分手"，双方对财产分割及抚养权分配问题达成了协议，直接到民政局领取离婚证就搞定。但这种毕竟是少数，更多夫妻在分割财产问题上无法达成一致，谁都不肯退让，最终只能诉至法院。那么，当双方争夺财产时，法院会如何判呢？本计将从法律视角为您解析离婚财产分配问题。

如果夫妻双方婚前没有特殊约定，法院对财产分配原则概括起来就是：

个人财产归个人，
共同财产对半分；
个人债务个人还，
共同债务一起还。
照顾妇幼及弱势，
照顾无过错一方。
法定过错可赔偿，
侵占财产可不分。

个人财产归个人，共同财产对半分

离婚时，要对两人名下的所有财产进行清理、区分，以确定财产归属。个人财产的部分直接归个人所有，共同财产部分，原则上一人一半。

1. 个人财产包括：

① 婚前财产。指的是一方在登记结婚之前就有的财产。

② 专用生活用品。注意"生活用品"是指为了日常生活必需的用品，主要指衣物、化妆品、价值不高的配饰之类。贵重的珠宝首饰奢侈品（如钻戒）、一方因职务需要购买的办公用品（如电脑、机器设备）等，一般情况下不能认定为一方的个人财产。

③他人明确表示仅赠与一方的财产。此处必须有"明确表示"，如果并无特殊声明，则应认定为对夫妻双方的赠与。

④医疗费、残疾人生活补助费、因受伤获得的赔偿或补偿费等与一方人身密切相关的费用。

要说明的是，一方的个人财产不会因为结婚或共同居住多久而转化为共同财产，个人财产始终是属于个人。（曾经我国法律确实规定过两人结婚经过8年和4年就会转化为共同财产，但这一条规定现在已经失效了。）

2. 共同财产是指双方在夫妻关系存续期间所得的以下财产：

① 工资、奖金、住房补贴、住房公积金、养老保险金、破产安置补偿费等从工作单位挣得的钱。

② 生产、经营收益等自己做生意挣得的钱。注意，个人财产虽然归个人，但用个人财产进行经济活动赚得的钱却属于共同财产。比如丈夫婚前就拥有一个厂房，婚后他用厂房出资入伙了一个合伙企业，厂房依然是他的个人财产，但是他在合伙企业中赚到的钱就属于共同财产了。

③ 知识产权收益。

④ 继承或接受赠与的财产等。

3.考虑到现在的社会现状，这里要特殊讲一下"房子"在离婚时应如何分配。简言之，在双方没有特殊约定时，按照以下原则分配：

① 一方婚前购买的房产，登记在谁名下，视为谁的财产；登记在双方名下，视为共同财产。

② 双方婚前共同出资购买的房产，为共有财产。

③ 一方婚前支付首付贷款购买的房产，婚后双方共同还贷的，视为共同财产。离婚时，房屋归支付首付款一方所有，但需向另一方支付补偿金。

④ 双方婚后购买的房产，为共同财产。

⑤ 婚后一方父母出资购买的房产，登记在自己子女名下的，为子女一方的个人财产；登记在另一方或双方名下的，视为共同财产。

⑥ 婚后一方父母支付首付贷款购买的房产，登记于自己子女名下，由小夫妻共同还贷，应视为共同财产。父母支付的首付款视为对自己子女的赠与，首付款部分属于自己子女的个人财产。这个比较复杂，举例说明：A 与 B 婚后，A 的父母出首付款 30 万元买了房，登记在 A 名下，AB 共同还贷。房屋属于 AB 的共同财产。在离婚时，将房屋折价后，要先将 A 父母出的 30 万元从折价款中刨除单独给 A，剩下的部分才属于 AB 共同财产进行分配。

⑦ 婚后双方父母出资给小夫妻买房，为共同财产。

还有一个比较常见的问题，就是"嫁妆"应该认定为个人财产还是共同财产。这要看嫁妆是什么时候由女方父母赠送给女方的。如果在登记结婚之前赠与，那么视为女方的个人婚前财产；如果在登记结婚之后赠与，一般情况下视为对夫妻双方的赠与；但如果女方父母明确表示仅赠与女儿一方，那么应视为女方的个人财产。

现在我们看开篇案例。

10 万元的嫁妆是韩父母婚后赠与的，并没有明确表示赠与谁，所以视为共同财产。但考虑到财产来源于韩，并且李对离婚有过错（与王燕同居生孩子），本着照顾无过错方的原则，应该对韩多分，对李少分。

个人债务个人还，共同债务一起还

1. 个人债务包括：

① 一方婚前所负债务，且该债务并非被用于双方家庭生活。注意，如果借钱是为了结婚，或为了家庭生活，那么即使是在婚前由一方以自己名义借的钱，仍然属于共同债务，双方均负偿还义务。

② 婚后一方未经对方同意，资助无抚养义务的人所负债务。比如一方出轨了，为了博取"小三"欢心借钱给"小三"挥霍所负的债务。

③ 婚后一方个人不合理开支所负债务，如因赌博、酗酒、吸毒、违法犯罪行为、侵权行为等导致的债务。

④ 一方单独继承或接受他人遗赠时所附带的债务。比如A、B是夫妻，A的父母过世时，遗产有100万元，遗嘱声明只给A个人，那么这100万元就是A个人财产。后来发现A的父母在世时欠了C 80万元。那么A也就继承了父母这80万元债务。80万元是A的个人债务，与B无关。

⑤ 一方未经对方同意，独自筹资从事生产经营活动所负债务，且收入没有用于家庭生活的。比如A、B结婚后，A明确反对B开饭店，B坚持要开并向C借钱作为启动资金。饭店开起来之后，B挣的钱都用于还C的债，还没还完，饭店就倒闭了。剩下未还的债务属于B的个人债务。

2. 共同债务包括夫妻关系存续期间为了家庭共同生活、共同投资经营、履行法定义务（抚养子女、赡养老人等）所负的债务等。注意，即使一方以个人名义向他人借钱，只要借来的钱用于家庭生活，仍然属于夫妻共同债务。

一方个人债务由他自己承担；双方共同债务由双方共同承担，原则上一人一半。但共同债务属于连带债务，债权人可以找夫妻任何一方索要全部债务，夫妻任何一方均有义务全部偿还，但对超过自己应该承担的部分，可以在偿还之后找另一方追索。

举例说明：

A、B离婚时对C有30万元债务，法院判决A、B各承担15万元。此时C可以管A、B任何一方要30万元，也可以管A、B各要15万元。如果C只向A索债，A在还C 30

万元之后，可以向 B 追索 15 万元。

以上关于个人财产与共同财产、个人债务与共同债务的区分，是法律作出的规定。夫妻双方也可以通过书面协议的形式进行约定，对个人财产、共同财产、个人债务、共同债务的范围作出划分。夫妻双方的书面约定优先适用。

照顾妇幼及弱势，照顾无过错一方

照顾妇幼，是指法院在处理财产分割纠纷时，一般本着照顾子女和女方权益的原则判决，对抚养子女的一方、女方有所倾斜。

照顾弱势体现在两方面。一方面是指在夫妻双方约定分别财产制时，一方照顾子女、老人等对家庭生活付出较多义务的，可以请求对方补偿。这一条主要立意是保护婚姻中经济弱势一方。双方约定分别财产制，意味着婚后各自挣钱归各自，这样一来，如果一方工作挣钱，另一方不工作专心照顾家庭，当离婚时，按照双方的约定，照顾家庭的一方基本是没有什么钱分的。这样是不公平的，于是给了其请求补偿的权利。照顾弱势原则的另一方面体现在，离婚时一方生活困难，另一方应从其个人财产中给予适当帮助。

照顾无过错方，是指在离婚时，法院会对导致离婚的原因进行价值判断，如果一方有明显过错，那么在分割财产时，会对无过错一方进行倾斜照顾。比如，一方出轨，法院会倾向于保护另一方。当然，"无过错"不是指一点过错都没有，而是没有"明显可能导致离婚的过错"。比如一方做事拖沓、性格不好等，都属于无明显过错。而如一方对子女或老人态度恶劣、经常在外喝酒夜不归宿等，则可以认定为有过错。

法定过错可赔偿

一方有以下情形导致离婚的，无过错方可以请求损害赔偿：

1. 与他人结婚，或与他人以夫妻名义持续、稳定地共同生活。

2. 与他人同居。注意，有婚外情、婚外性行为，不等于与他人同居，同居要求"不以夫妻名义，持续、稳定地共同生活"。那么生活中常见的"小三""一夜情"，不属于可以请求赔偿的法定过错。但是在司法实践中，只要一方可以证明离婚是由对方有婚外情、婚外性行为导致的，法院仍然可以依据"照顾无过错方"原则，对无过错方进行倾向性保护。也有一些法院在司法实践中，支持了此类无过错方的赔偿请求。

3. 家暴。家暴问题会在后面章节详细说明。

4. 虐待、遗弃家庭成员的。

以上情况下，无过错方可主张物质赔偿和精神赔偿。有一点需要强调，主张赔偿的一方必须不存在以上法定过错。如果双方都存在法定过错时，无论谁先犯错、也不论谁的过错大谁的过错小，互相之间都不能主张赔偿。比如，A、B结婚之后，A对B实施家暴，B觉得婚姻生活不幸福，在外找了情人并同居。此时双方相互不负赔偿责任。

另外，一方擅自处分双方的共有房产造成另一方损失的，另一方也可以在离婚时主张赔偿损失，但是只能主张物质损失，不能主张精神损失。在《婚姻法司法解释（三）》出台以前，一方把双方共有的房子偷偷卖掉的，另一方可以申请撤销。但《婚姻法司法解释（三）》确立了"保护善意第三人"原则，就是说如果买房子的人不知道该房产是被一方私自卖掉的，并且支付了合理的购买价格，也进行了房产转移登记，此时另一方是不能以不知情、不同意为由追回房产的。但是，另一方可以向私自卖房的一方主张赔偿。

侵占财产可不分

离婚时，一方有隐藏、转移、变卖、毁损夫妻共同财产，或伪造债务企图侵占另一方财产行为的，可以少分或不分。离婚后另一方才发现的，可以在知道真相次日起 2 年内，请求法院再次分割。

年律师说法

公民维权 第 **11** 计

1. 为了避免离婚时出现财产纠纷，夫妻双方可以进行书面约定，对双方个人财产、共有财产、个人债务、共同债务的范围、区分标准进行划分，并可到公证处进行公证。

2.保留贵重、大额资产购置证明，比如买房买车的合同及付款凭证、购买奢侈品的发票等。这一类凭证上面会注明支付时间，与结婚登记时间一比对，是否婚前财产一目了然。

3.离婚时最大的财产问题一般都是房子，房屋产权登记很重要。如果房子属于两人共有，一定要在登记部门登记两人的名字，不要图一时方便造成不可估量的损失。如果确实只能登记一方姓名，那么另一方要注意保留证据证明房屋属于两人共同所有，比如提供转账明细证明自己曾支付部分或全部房款等。如果父母在小夫妻购买房产时有出资，可以由父母出字据讲明该出资是对自己一方子女还是双方的赠与。

4.父母可以选择在结婚登记之前将"嫁妆"给女儿，以保证"嫁妆"属于女儿的婚前财产。

5.不要企图借助"假离婚"躲避债务。有的人欠了债之后，和配偶商量假离婚，通过离婚协议把财产全部给配偶，自己承担所有债务。以为这样自己就"要钱没有，要命一条"，可以躲避债务，殊不知债权人仍然可以找另一方索债。同时"假离婚"存在着"弄假成真"的风险。比如A为了躲B的债，和C假离婚，把所有财产都给了C。结果C拿到钱后，直接把B的债还了，带着剩下的钱跟D结婚了。A真变成了一无所有，赔了夫人又折兵，十分被动。

6.搜集对方具有法定过错的证据，在离婚诉讼中请求赔偿。现在重婚、与他人同居的现象并不很多，但婚外情、婚外性行为却比比皆是。虽然一方有婚外情、婚外性行为并不是法定赔偿理由，但越来越多的判例支持了无过错方的赔偿请求。就算没有支持赔偿，但分割夫妻共同财产时，也会对无过错方多分。证据的搜集办法已经在《离婚》一节中予以阐述。

7. 要对双方共有财产"心里有数"。有一些人根本不知道自己配偶有多少钱，这样在离婚时就会很被动，甚至连对方转移财产都不知道。为了保障自己的权益，平时可以留意对方的工资单、银行流水明细、投资理财产品、股票基金账户、纳税单等，对对方的经济状况有一个大致的了解。如果在离婚时，感觉对方的账户余额骤减，那么就有转移财产的可能。

十二、遭遇家庭暴力怎么办

案例

　　李雷和韩梅梅结婚以后，跟韩的父母同住。两年后，李雷生意失败，于是一蹶不振，常常酗酒。喝多之后，回到家里就会拿韩的父母撒气，对二老非打即骂。有一次，李回到家，看到韩母正在洗衣服，李觉得衣服没洗干净，就勒令韩母重洗。韩母没有理他，于是李大发雷霆，顺手拿起台灯向韩母砸去。台灯砸中韩母后脑，韩母昏了过去。韩上前阻拦，也被李打伤。

　　韩忍无可忍，要求离婚，李不同意，并威胁韩，说如果离婚会"给你好看"。于是韩向法院起诉离婚，并申请人身安全保护令。

　　法院作出人身安全保护令，并判决准予离婚。

　　"家庭暴力"问题由来已久，但是受害方往往出于种种原因，不愿向外人吐露，而沉默导致的是更肆无忌惮的伤害。2016 年，我国出台了《反家庭暴力法》，从法律的角度给受害人以保护和支持。同时呼吁受家庭暴力的人站起来维护自己的权益。

本计我们讲什么是家庭暴力？遇到家庭暴力应该如何进行自我保护？

什么是家庭暴力

家庭暴力，是指家庭成员之间以殴打、捆绑、残害、限制人身自由、经常性谩骂、恐吓等方式实施的身体、精神等侵害行为。

夫妻、子女、父母都属于"家庭成员"，家庭暴力不仅仅存在于夫妻之间，"打孩子""打老人"的情况也都属于家庭暴力范畴。值得一提的是，《反家庭暴力法》对家庭成员之外共同生活的人之间的暴力行为也具有约束力。这样一来，就约束了非婚同居的施暴行为。

暴力，包括身体上的伤害和精神上的折磨。在实践中，"冷暴力"是否属于"家庭暴力"，并没有一个一致的答案。为了避免"家庭暴力"范围扩大化，多数法院倾向于不将"冷暴力"认定为"家庭暴力"范畴。同理，"性暴力"一般也不被认定为"家庭暴力"。但是如果一方粗暴的性行为导致了另一方身体的损伤，则另当别论，可以认为这也是一种"家庭暴力"。

有时候，两口子吵架也会动动手。要严格区分这种"动手"与"家庭暴力"。一方面家庭暴力属于一种经常性、持续性的行为，甚至是无因性的行为，施暴人会经常施暴，甚至无缘无故施暴；另一方面"家庭暴力"要确实对受害人造成了较大的伤害（肉体的伤害以及精神的伤害）。

曾经有这样一个案例：

夫妻双方性格不合，结婚之后关系一直很冷淡，后来双方分居。分居3年之后，妻子起诉离婚，并在法庭上提出男方曾在婚后一次吵架中打了自己一个耳光，认为男方有家庭暴力行为，主张离婚并要求损害赔偿。法院审理认为，两人离婚的根本原因在于性格不合。男方的打耳光行为虽然也属于"暴力"行为，但只是夫妻间日常纠纷，不是所谓的"家庭暴力"，没有给女方造成巨大伤害，同时也不是导致离婚的根本原因。所以法院虽然判决准予离婚（因为已经分居3年），但并不认可男方有"家庭暴力"行为，也不支持女方的赔偿请求。

遇到家庭暴力应该如何进行自我保护

1. 向居委会、村委会、妇联、社会救助机构、福利机构、当事人所在单位或学校求助。这些单位或部门有义务对受害人进行帮助，包括制止暴力行为、协助报警、提供庇护等。

2. 向公安机关求助。公安机关接到报案必须出警，制止暴力行为。情节轻微的，公安机关可以对施暴人出具告诫书；情节严重的，对施暴人进行治安处罚；构成犯罪的（长期家暴的，可能构成虐待罪；致使受害人轻伤以上的，可能构成故意伤害罪；非夫妻之间强行发生性关系的，可能构成强奸罪等），可能对施暴人进行刑事追究。

3. 向法院申请人身安全保护令。正在遭受家庭暴力，或者确实有遭受家庭暴力的危险的人，可以向法院申请人身安全保护令。具体内容包括禁止施暴人施暴、骚扰、跟踪、接触受害人及其相关近亲属，以及责令施暴人搬离受害人住所等措施。

如果施暴人不遵守，法院可以对其进行处罚（拘留或罚款）；施暴人违反保护令情节严重的，构成拒不执行裁定罪，将要面临刑事处罚。

4. 施暴人是受害人的监护人的，受害人的近亲属可以向法院申请变更监护人。

5. 起诉离婚。家庭暴力是法定离婚事由，一方实施家暴，另一方有权请求离婚。同时，受害人一方可以申请离婚损害赔偿。

我们现在来回顾开篇的案例。

韩的父母与李、韩一起生活，属于家庭成员。李对韩的父母非打即骂，构成家庭暴力行为。韩起诉要求离婚，法院会支持韩的请求，判决准予离婚。同时，李对韩进行暴力威胁，韩确实有遭受家暴的现实危险，所以法院对韩作出了人身安全保护令。

公民维权 第 *12* 计

1. 遭遇家庭暴力，必须及时站起来维权，不能委曲求全。施暴人往往会一而再、再而三地施暴，如果受害人不反抗，那么只会受到更深的伤害。

2. 遭遇家暴要及时向有关部门求助。《反家庭暴力法》已经规定了上述部门的救助义务，受害人可以在遭受暴力的第一时间就近求助。同时，相关部门会留有记录，工作人员也可以证明家暴事实。

3. 及时取证，作为以后起诉离婚并要求损害赔偿的证据。证据包括：

① 报警记录；公安出警记录及询问笔录；公安作出的告诫书；

② 法院作出的人身安全保护令；

③ 施暴人出具的保证书、道歉信等；

④ 受害人到医院的就诊记录、验伤报告等；

⑤ 曾向有救助义务的单位或部门求助的记录等；

⑥ 邻居、居委会、村委会、物业管理处、亲朋好友、同事、同学、老师的证人证言等。

十三、遗产如何处分

案例

李雷与韩梅梅育有一儿一女，儿子李明，女儿李丽。韩梅梅去世早，李雷自己把两个孩子养大。李明不务正业，常年在外吃喝嫖赌。2015 年 3 月，李明回家管李雷要钱未果，大发雷霆把李雷打伤住院。李雷出院后在所有亲戚朋友面前与李明断绝父子关系。此后双方再无往来。2016 年 8 月，李雷突发脑梗去世。女儿李丽继承了全部遗产。李明得知后找到李丽大闹，要求平分遗产，李丽不同意。于是李明把李丽告上法庭。

法院判决李明有继承权，但不分给李明遗产。遗产由李丽全部继承。

每个人都是"生不带来，死不带去"，那么人去世以后，他的遗产要如何处理？本计讲的是遗产应当如何分配问题。

对公民遗产的分配，法律上规定了三种方式：法定继承、遗嘱继承、按遗赠扶养协议分配。

法定继承，即被继承人死亡后，由法律规定的继承人继承遗产。这是最常见的继承方式。

遗嘱，即被继承人在生前对自己死后遗产如何分配进行处分。被继承人既可以把遗产在法定继承人之间分配，又可以把遗产赠给法定继承人以外的人或组织。

遗赠扶养协议，即通过与他人或组织签订协议，由对方负责自己的生养死葬，自己死后将遗产赠与对方。

一般情况下，对遗产的处分不存在冲突时，三种分配方式可以同时适用；如果对遗产处分有冲突，则遗赠扶养协议最优先，其次是遗嘱，最后是法定继承。因为遗赠扶养协议保障的是人的生养死葬，解决的是人的基本需要，具有最强的紧迫性，所以要首先保障遗赠扶养协议的履行。其次，遗嘱体现的是公民对自己财产的处分权，所以要优先于法定继承。

法 定 继 承

法定继承人的范围包括配偶、子女、父母、兄弟姐妹及（外）祖父母。但是并不是所有法定继承人都有权利继承遗产。法定继承人分为两种顺序：第一顺序包括配偶、子女、父母；第二顺序是兄弟姐妹和（外）祖父母。有第一顺序继承人的，由第一顺序继承人继承，第二顺序的不继承；没有第一顺序继承人的，第二顺序的才继承。

举例说明:

如果甲死亡时,有配偶、一子一女、老父亲、哥哥。没有特殊情况,甲的遗产应由配偶、儿子、女儿、老父亲四个人平分。如果甲死亡时,只有哥哥和外公,那么甲的遗产由哥哥和外公平分。如果甲死亡时,只有配偶和哥哥,那么甲的遗产全部归配偶。

法定继承还有以下特殊情况:

1. 丧偶儿媳、丧偶女婿对公婆、岳父母尽了主要赡养义务的,作为第一顺序继承人。儿媳、女婿对公婆、岳父母并没有直接的赡养义务,而是有义务配合、协助配偶对其父母尽赡养义务。如果配偶不存在(死亡)了,那么这个协助义务自然就消失了。失去子女的老人就可能会面临无人赡养的困境。这一条规定的出发点就是为了鼓励儿媳、女婿继续赡养公婆、岳父母。

2. 被继承人的子女先于被继承人死亡的,被继承人的子女的子女,可以继承被继承人的子女有权继承的遗产份额。

举例说明:

老王有儿子小王,小王有女儿小小王。2014 年小王死亡,2015 年老王死亡,那么在分配老王遗产时,小小王可以继承小王本应继承的份额。

3. 继承人以外的,依靠被继承人扶养又缺乏劳动能力、

没有生活来源的人，或者对被继承人扶养较多的人，可以分给他们适当遗产。比如，

老王生前一直照顾一个捡来的智障小孩，那么老王去世后，为了保障智障小孩的生存，可以适当分给他遗产。再如，老王的子女常年在国外，对老王不管不顾。而隔壁邻居一直照顾老王生活起居。老王去世后，也可以分给邻居适当遗产。

一般情况下，同一顺位的继承人应均分遗产。但是也有例外情况，可以不均等分：

① 对生活有特殊困难、缺乏劳动能力的，应当照顾；

② 对被继承人尽了主要扶养义务的，可以多分；

③ 与被继承人共同生活的，可以多分；

④ 有扶养条件和能力，但不尽扶养义务的，应不分或少分；

⑤ 继承人协商同意的。

遗嘱继承

公民可以立遗嘱处分自己的全部财产，也可以只处分部分财产，没有在遗嘱中处分的其他财产，按照法定继承方式继承。

举个例子：

80 岁的老王丧偶，有一儿一女。老王有 30 万元存款、一部车、一套房。老王生前立遗嘱将 30 万元赠与红十字会。那

么他死后,红十字会对这 30 万元就有继承权,而剩下的车和房,仍适用法定继承的规定,由其儿女继承。

遗嘱必须有书面形式。除非危急情况,可以口头设立。但是一旦危急情况解除,有条件用书面或录音形式立遗嘱时,原来的口头遗嘱就失效了。

举个例子:

老王突发疾病进了医院,随时有生命危险,此时老王可以在 2 个见证人的见证下口头立下遗嘱。但是假如老王的病治好了,老王顺利出院了,那么原来的口头遗嘱就失效了。

遗嘱可以自己书写,也可以找人代写,也可以以录音形式立遗嘱。但是找人代写和录音时,要有至少 2 名以上见证人在场见证。且见证人不能是继承人、受遗赠人或其他有利害关系的人。

一人可以立下多份遗嘱。如果内容不冲突,全部有效;如果有冲突,冲突的部分要以最后立的遗嘱为准。但有个例外,经过公证处公证的遗嘱效力最高。

举个例子:

老王 2014 年立下遗嘱,死后把房子给老婆,把存款给儿子,并进行了公证;2015 年老王又写下遗嘱,把存款给老婆,把房子给儿子。这两份遗嘱内容相冲突,虽然 2015 年的是后设立的，但是由于 2014 年的是公证遗嘱，具有最高效力，所以分配遗产时要以 2014 年遗嘱为准。

法律还规定了继承人或者受遗赠人丧失继承权的情形：

1. 故意杀害、遗弃、严重虐待被继承人的；

2. 为争遗产杀害其他继承人的；

3. 伪造、篡改、销毁遗嘱，情节严重的。

现在我们看开篇的案例。

李明虽然不成器，并且李雷已经声称与其断绝父子关系，但这并不符合丧失继承权的法定情形，所以李明仍然具有继承权。但是，李明属于"有扶养能力但不尽扶养义务"的继承人，应当对其少分或不分遗产。

有的人去世以后，留下的不是财产，而是很多债务。这里要说明一点，我国的法律不承认"父债子还"。即是说，谁欠下的债，谁负责还，不能找其他人还。（当然，共同债务除外。如果欠下的是共同债务，所有债务人都有义务还债。比如夫妻共同债务，一方欠下的债，如果是共同债务，那么双方都有义务还。）

那么，死亡的人所负的债务，应该用他的遗产去还。如果所有遗产都还掉了，债还没还清，那么剩下的债就自动消灭了，不存在"父债子还"。如果遗产已经被继承人分掉了，才发现尚有债务未还，那么继承人按什么比例分割的遗产，就按什么比例去分担债务，但承担的债务以所分得的遗产为限。

举例说明：

老王生前留下 60 万元遗产，老王死后 3 个子女一人分到 20 万元。分完之后发现老王欠债 30 万元。那么三个子女应该每个人拿出 10 万元来还老王的债。如果老王的债是 100 万元，那么三个子女每个人只需拿出 20 万元来还老王的债。至于剩下的 40 万元债务自然消灭，三个子女不需要替老王偿还。

年律师说法

公民维权 第 13 计

1. 继承权男女平等。一方面，丈夫可以继承妻子遗产，妻子也可以继承丈夫遗产，继承遗产之后并不影响再婚。另一方面，女儿和儿子平等地继承父母遗产，均有继承权，且在无特殊情况时继承份额均等。

2. 天有不测风云，谁也不能预测死亡。如果对自己的遗产如何分配有特殊要求，可以提前订立遗嘱，并进行公证。举个例子，某大龄剩男的父亲癌症晚期，临死前希望看见儿子结婚。儿子孝顺，于是随便找了一个情况相似的大龄剩女，双方约定"名义结婚"。结果登记后一个月，该男子遇交通意外死亡。该女子作为第一顺序继承人，直接继承了男子的遗产。明显，该男与该女并不存在感情，而且登记仅有一个月。但是，由于该女确系该男的合法配偶，所以自然有权继承其遗产。为了避免类似情况，该男子应该在登记之前与女方约定分别财产制，在登记之后作出公证遗嘱，如果自己去世，将自己的个人财产全部留给父母。

3. 公证遗嘱的法律效力最强，公民应该尽量将遗嘱进行公证。但是另外，经过公证的遗嘱如需要更改、撤销也比较麻烦，必须再经过公证程序方可生效。所以，如果真心想变更已经公证的遗嘱，切记要走公证程序；反之，如果想逢场作戏，就算亲笔写出新的遗嘱，也不会变更公证遗嘱的内容。

4. 继承开始后，受遗赠人应在得知受遗赠后的 2 个月内及时作出接受的意思表示，否则视为放弃受遗赠。受遗赠人由于与被继承人非亲非故，常常会受到其他法定继承人的排挤。所以受遗赠人在得知受遗赠之后，应该尽早作出回应。最好是通过正式的书面文件表示接受遗赠，以便保留证据。

5. 继承人或受遗赠人在接受遗产的同时，也负担起偿还被继承人债务的义务，但是以接受的遗产价值为限。所以在继承遗产或接受遗赠时，应注意保留证据（比如判决书、调解书、公证书等）证明所得到的遗产金额，以此保障自己不会承担过限的偿还义务。

6. 与被继承人共同居住，或对被继承人尽了主要扶养义务的人可以多分遗产。要注意保留相关证据，证明被继承人系由自己供养、照料，或与自己共同居住。证据包括：体现共同生活的照片，居委会、村委会、物业出具的证明，邻居或其他亲戚朋友的证人证言，政府其他人口管理部门（如派出所、出租屋综管所、社区工作站等）登记的居住人口信息等。

十四、老年人有哪些权益

案例

李雷 60 岁，丧偶多年。2014 年 3 月，李雷通过跳广场舞结识了单身的韩梅梅（45 岁）并确定恋爱关系。同年 9 月，李雷与韩计划结婚。李雷的儿子李明（30 岁）得知后强烈反对，认为韩"别有所图"。原来，李雷名下有 2 处房产；而韩没有儿女，也没什么财产，李明觉得韩是贪图李雷的财产。为此，父子闹得不可开交，李明声称与李雷正式断绝父子关系，随后对李雷不管不问。李雷和韩于 2014 年年底登记结婚，两人靠着李雷的积蓄度日。

2015 年 7 月，李雷不慎摔断了腿住进医院，没钱支付高额的医药费。李雷给李明打电话求助，但是李明以已断绝父子关系为由拒绝。于是，李雷将李明告上法庭。

法院最终判决李明支付医药费，每个月向李雷支付赡养费 1000 元。

老年人往往在身体状况和经济收入方面都在家庭中处于

弱势，甚至依附于子女。家庭地位低而导致"人微言轻"，加上很多老年人根本不知道自己有哪些权利，在受到侵害时只能"忍气吞声"。本计我们讲的是老年人在家庭生活中拥有哪些权益。

婚姻自主权

婚姻自由，是每个人的权利，老年人也不例外。无论是结婚还是离婚，老年人都有权根据自己的意志作出选择，子女无权干涉。

现实生活中很多子女出于种种原因反对年老的父母离婚或再婚，甚至采取监禁、威胁、暴力等手段，这都是非法的。情节严重的，将会构成刑事犯罪：采取监禁手段的，可能构成非法拘禁罪；采取暴力手段的，可能构成暴力干涉婚姻自由罪；采取拒绝赡养等手段的，可能构成遗弃罪。

受赡养、扶养的权利

首先要明确，赡养与扶养的区别：赡养是小辈对长辈的供养、照顾；扶养从狭义上讲指的是同辈（夫妻、兄弟姐妹等）之间的供养、照顾，从广义上讲囊括了亲属之间在法律规定上的供养、照顾关系。在我们这一节里，扶养取狭义解释。

1. 赡养义务存在于三种情况：

① 子女对父母的赡养义务。

② 子女配偶对父母的协助赡养义务。儿媳对公婆、女婿对岳父母虽然没有直接的赡养义务，但是要协助配偶共同赡养老人。这种"协助赡养"的义务是建立在婚姻关系的基础上，只要婚姻关系在，义务就在，而与夫妻感情无关。儿媳、女婿不能以夫妻感情不好为由拒绝承担义务。

③ （外）孙子女对（外）祖父母的赡养义务。（外）孙子女对（外）祖父母的赡养义务有两个特定条件：（外）祖父母的子女死亡或无力赡养，且（外）孙子女具有负担能力。举例说明，老王有儿子小王，小王有女儿小小王。小王出了意外死亡，此时小小王已经长大成人且有较高经济收入，那么小小王就对老王有了赡养义务。小小王不得以老王没有抚养过自己为由拒绝赡养。

2. 扶养义务存在于两种情况：

① 配偶之间互相负有扶养义务；

② 老人曾养大的弟、妹，有负担能力的，对无赡养人的老人有扶养义务。

赡养、扶养义务，是法律规定的、必须履行的义务，不因父母婚姻状况变化、断绝亲属关系、子女改名换姓等原因而终止。

赡养、扶养义务，包括给予老年人经济上的支持、生活上的照顾以及精神上的慰藉。2013 年，"常回家看看"被作为义务纳入《老年人权益保障法》，正是体现了赡养、扶养义务的范围已经越来越扩大到精神领域。

财产权

老年人对自己的财产有权进行处分，子女不能侵占老年人财产，也无权干涉老年人对财产的处分。老年人有权立遗嘱，决定自己的遗产如何分配，既可以将遗产按比例分配给法定继承人，又可以将遗产赠与他人或某些法人组织（如慈善机构等）。

老年人的遗产应该遵照其遗嘱进行分配，但应当为其老年配偶保留必要的份额。就是说，不可以通过遗嘱把所有遗产都给别人，要根据需要给老年配偶留一部分遗产，以保障其生活。有的单身老人找了个"老伴"结婚，又不想"老伴"继承自己的遗产，就会通过遗嘱来处分遗产，把遗产全部留给自己的子女。这样对"老伴"是不公平的。法律规定"为其老年配偶保留必要的份额"，就是为了保护"老伴"权益。当然，这里规定的是"必要"份额，就是说只要可以维持"老伴"基本生活就可以，至于其他部分的财产，老年人还是有权自由处分的。

另外，老年人可以与他人签订遗赠扶养协议。遗赠扶养协议的基本内容是由他人负责照顾老年人晚年生活及丧葬，老年人去世后财产由他人继承。这类协议合法有效，受法律保护。

我们现在来回顾开篇案例。

李雷与韩结婚系自由恋爱，李明无权干涉。退一步讲，就算韩真的"别有所图"，只要李雷和韩双方是真实意愿要结婚，李明都无权进行干涉。李明作为儿子对李雷具有赡养义务，其声称与李雷断绝父子关系并不具有法律效力，李明仍具有赡养父亲的义务。

年律师说法

公民维权 第 *14* 计

1. 老年人有权利追求幸福的婚姻生活，作为子女应该理解老人，不应该横加阻拦。对老年人的择偶，子女可以提出建议性意见，但无权替老年人做决定。

2. 赡养、扶养义务是法定义务，不能随便解除。即使老年人和子女等义务人发生矛盾，甚至有激烈冲突，义务人仍应该承担赡养、扶养义务，向老年人支付赡养费、抚养费。

3. 法院已经对赡养费、扶养费作出了判决的，并不影响老年人在必要情况下要求追加费用。比如老年人忽然患病、受伤需要医疗资金，或者物价上涨原有费用不足以维持生活等，老年人有适当的理由，也确有增加必要时，可以请求义务人增加费用。

4. 找"老伴"的，应当要求登记结婚。非婚同居关系得不到法律保护。有些老人没有登记就住到了一起，尤其是一些老太太去老头家住，一待就是几年甚至十几年、几十年，每天照顾老头生活起居。老头的子女可能也会给老太太一些钱，保障二老的生活。但是一旦老头去世，老太太就有可能被扫地出门，甚至什么补偿都得不到。而如果两人登记结婚了，那么作为合法配偶的老太太则有权继承老头的遗产。

5. 没有子女或者跟子女关系不好的老人，可以选择通过签遗赠扶养协议养老。可以选择和个人或某些养老机构等组织签订协议，保障自己的晚年生活。

第三章

劳动人事领域

十五、劳动者有哪些权利

案例

李雷于 2000 年毕业参加工作，经常跳槽，一直没有找到合适的岗位。2013 年与某公司签订了 3 年的劳动合同（时间为 2013 年 2 月 1 日至 2016 年 1 月 31 日），担任公司计算机技术人员，每月工资 4000 元。2016 年 1 月 4 日，李雷突发心脏病住院，向单位请假。单位表示，劳动合同到本月底就截止了，既然李雷需要住院，那么也不用请假了。1 月的工资单位会照样支付，李雷也不需要再来上班。随后向李雷工资卡打了 4000 元，并寄给李雷一份《解除劳动关系通知书》。李雷不服，申请劳动仲裁。

经仲裁，单位须再向李雷支付经济赔偿金 24000 元。

劳动者隶属于用人单位，这就决定了劳动者在与单位谈条件时处于弱势地位。所以劳动者在找工作时，一般什么都由单位说了算，劳动者很难提出自己的诉求。如果让双方自己谈判，必然结果是不公平的。所以，法律对劳动者加以倾斜性保护，给予劳动者很多权利。这些权利从一个人成为劳动者的那一刻就有了，而无须写在劳动合同中；同时，用人单位也不能通过劳动合同予以剥夺。本计讲的就是与劳动者关系密切的法定权利。

获得报酬权

劳动者有权按时、足额获得劳动报酬。劳动报酬包括工资（由基本工资、补贴、津贴、奖金等组成）、社会保险、加班加点费等。工资不得低于当地最低工资标准，否则劳动者有权要求用人单位补足差额部分。

用人单位必须给劳动者买社会保险，也就是我们常说的"五险一金"（养老保险、医疗保险、失业保险、工伤保险、生育保险及住房公积金）。有些公司在招聘的时候鼓吹自己公司待遇好，给职工"五险一金"，其实这是公司的法定义务，是用人单位不可推卸的责任，而不是什么特殊福利待遇。

用人单位安排加班加点的，应当支付加班加点费。"加点"是在工作日延长工作时间，应支付不低于平均日工资的150%；"加班"是在休息日及法定节假日时安排上班，休息日上班的应支付不低于平均日工资的200%，法定节假日上班的应支付不低于平均日工资的300%。

举个例子：

张三与A公司劳动合同中约定，张三每天工作8小时，每周休息周六、日2天，每个月工资1500元。如A公司某个周五赶工作进度，安排张三下班后继续留下工作，那公司应额外支付张三至少103.5元（1500元÷21.75天×150%）；如果安排张三周六加班，那么应额外支付至少138元（1500元÷21.75天×200%）；如果安排张三5月1日劳动节当天加班，那么应额外支付至少207元（1500元÷21.75天×300%）。

用人单位拖欠或不足额支付劳动报酬的，劳动者可以向法院申请支付令。劳动者也可以向劳动行政部门求助，劳动行政部门会责令用人单位限期支付。用人单位逾期不支付，将面临应付金额的50%～100%赔偿金。劳动者可以据此申请劳动仲裁。

休 息 权

劳动者每天工作时间不得超过8小时，平均每周不得超过40小时。劳动者每周至少休息一天。

严格限制加班加点。用人单位需要加班加点的，必须基于紧迫的生产需要，并且经过与工会和劳动者协商。劳动者必须是自愿加班加点的，不得强迫。一般情况每天不得超过1小时；特殊情况且不影响劳动者身体健康的条件下每天不得超过3小时；一个月不得超过36小时。

在法定节假日应当安排劳动者休假。包括：元旦1天、春节 3 天、清明节 1 天、劳动节 1 天、端午节 1 天、中秋节 1 天、国庆节 3 天。

工作 1 年以上职工享受带薪休假，即我们常说的"年假"。工作满 1 年，不满 10 年的，年假 5 天；满 10 年不满 20 年的，年假 10 天；满 20 年的，年假 15 天。休息日、节假日不算在年假内。经劳动者同意，不安排劳动者休年假的，用人单位要支付 3 倍工资（在正常发放工资外，再加 200%）。

达到法定年龄（男 22 周岁，女 20 周岁）结婚的，可以享受 3 天带薪婚假；再婚的一样可以享受婚假。要说明一点，我国 2016 年 1 月 1 日起已经取消了晚婚假。

女职工生育享有 98 天产假，二胎以内的女职工还享有 30 天奖励假。如果有难产、多胞胎等特殊情况可以增加天数。怀孕不满 4 个月流产的，享受 15 天产假；满 4 个月流产的，享受 42 天产假。另外，老婆生孩子，老公有 15 天陪产假。

享受医疗期保护的权利

医疗期，就是劳动者患病（职业病除外）、受伤（工伤除外）需要停止工作进行医疗，单位给劳动者的一段进行治病休息的时间。根据劳动者工作时间长短，医疗期从 3 个月到 24 个月不等。医疗期内，用人单位不能解除合同。

如果劳动合同已到期，但劳动者处于医疗期间，那么劳动合同期限自动延续到医疗期满。

在医疗期内，治疗结束，劳动者既不能从事原工作，又不能从事用人单位另行安排的工作，应进行劳动能力鉴定。鉴定结果是 1 至 4 级的，终止劳动关系，办理退职手续，享受基本养老保险待遇；结果是 5 至 10 级的，用人单位不能解除合同，要等医疗期满才可以解除。

医疗期满劳动者还未痊愈，如果是致残了或医疗机构鉴定为难以治疗的疾病，那么进行劳动能力鉴定。结果是 1 至 4 级的，终止劳动关系，办理退职手续，享受基本养老保险待遇。5 至 10 级的，用人单位可以解除劳动合同。

在医疗期内，企业应按照劳动合同约定或企业内部规定支付病假工资，不能低于当地最低工资标准的 80%。各地关于病假工资有特殊规定的，从其规定。

用人单位解除合同时需支付经济补偿金，一些地方还规定了"医疗补助费"。

我们来看开篇案例。

李雷 2000 年从参加工作到 2016 年突发心脏病，已经工作了将近 16 年，在该公司已经工作了将近 3 年。根据《企业职工患病或非因工负伤医疗期规定》，实际工作 10 年以上、在本单位工作 5 年以下的，医疗期是 6 个月。那么，从 2016 年 1 月 4 日，李雷就开始了 6 个月的医疗期，至 2016 年 7 月 3 日为止。同时，李雷的劳动合同期限也延期至 2016 年 7 月 3 日。在医疗期中公司本不能解除劳动合同，但公司违法解除劳动合同，所以应向李雷支付经济赔偿金。李雷在该公司工作 2 年半以上，所以公司应该支付的赔偿金为：4000 元 / 月 ×

3 个月 ×2 倍 =24000 元（赔偿金计算问题详见《"炒老板"与
"炒鱿鱼"》一节）。

劳动安全卫生保护权

　　用人单位必须建立健全安全卫生制度，防止劳动事故，
减少职业危害。劳动安全卫生设施必须符合法律标准，给劳
动者提供必要的劳动防护用品，对从事有职业危害作业的劳
动者定期进行健康检查。用人单位没有尽到以上义务的，甚
至管理人员违背安全操作规程、违章指挥、强令冒险作业的，
劳动者有权拒绝，可以提出批评，并可以向劳动监察部门检举、
控告。

年律师说法

公民维权 第 *15* 计

　　1. "工资"作为计算经济补偿金、赔偿金、双倍工资、日
平均工资等诸多数据的基数，十分重要。它不仅仅是工资单
上的"基本工资""岗位工资"，还包括了各种奖金、津贴、
补贴等。有的单位每个月以现金的方式发工资，没有银行流
水记录，职工时间一久就不容易记得每个月的工资具体是多
少，另外，也比较难提供证据证明自己的月工资总额。如此
在主张经济补偿或赔偿时，就很难提供有说服力的计算基数。

所以，职工应该防患于未然，注意保存每个月工资总额的证据，比如保留好工资条、做好工资记录、保存签领工资的单据，或者向同事取证。

2. 加班时要注意保留证据，在向单位要求加班费时有据可循。相关证据包括单位的加班通知、加班照片及录像、加班当天的签到记录、加班当天工作内容的电子资料（一般都会留有数据生成的日期）、其他同事的证人证言等。如果知道单位有加班的相关证据（如视频监控记录等），可以要求单位提供，单位不提供的法院可以推定加班事实存在。

3. 用人单位经过劳动部门批准，对某些工作时间不确定、无法用标准时间衡量的特殊工作性质职工可以实行"不定时工作制"，包括高管、外勤、推销员、部分值班人员、长途运输人员、出租车司机等。实行不定时工作制的员工不受"每天不超过 8 小时，平均每周不超过 40 小时"的限制，而且没有加班费，所以有些单位喜欢用不定时工作制与劳动者签订合同。劳动者在签订合同时，首先要搞清单位实行不定时工作制是否经过了批准；其次自己的岗位和工作内容是否属于那种"特殊性质"。如果有一条不符合，单位的做法就是不合法的。

4. 本节多次提及"各地有不同的规定"，的确，关于如何保护劳动者的权利、保护到什么程度等问题，各地有很多特色的做法。劳动者应该了解并熟悉就业地的相关规定，以便在受到侵害时及时发觉，并站起来维护自己的合法权益。

十六、如何订立劳动合同

案例1

李雷2012年大学毕业，8月到某公司应聘，被聘为技术工，月工资7000元。公司告诉李雷最近人事部门正在搞改革，2013年1月再与李雷正式签合同。2013年1月双方签订劳动合同。同年5月，李雷因个人原因与部门主管发生冲突，李雷辞职，同时要求公司支付2012年8月至12月的双倍工资。公司拒绝，于是李雷提起劳动仲裁。最终，公司支付了李雷28000元（9～12月的双倍工资）。

案例2

韩梅梅，女，1960年出生，2016年1月1日与某公司口头约定，韩在该公司做保洁员，公司每个月支付2000元。至10月20日，公司认为韩好吃懒做、工作不力，于是通知韩把10月做完就解除合同。韩听其他公司员工说过公司解雇员工要给员工一笔钱，于是韩要求公司额外支付自己一个月工资作为补偿，并以双方未签订书面合同为由要求公司支付双倍工资作为赔偿。公司拒绝。韩找到劳动部门询问，方知自己无权要求公司支付补偿金或赔偿金。

李和韩二人均是与公司订立合同，为公司提供劳动，从公司领取报酬。均遇到了公司未签订书面合同的情况。那为什么一个有权要求双倍工资，一个无权呢？这就是劳动合同与劳务合同的区别。

劳动合同是劳动者与用人单位签订的，明确双方权利义务的合同；**劳务合同**是一方以劳动形式为另一方提供服务的合同。二者很相似，都是一方提供劳动，另一方支付报酬。但是又有很大区别：一方面，劳动合同双方主体特殊，一方是劳动者，另一方是用人单位。而劳务合同双方主体都既可以是单位也可以是个人，如公司可以给公司提供劳务（甲公司请乙公司帮忙运输产品），个人也可以给个人提供劳务（张三请李四帮忙粉刷油漆）。另一方面，劳动合同双方有隶属关系，地位不平等，即劳动者隶属于用人单位，劳动者进入了用人单位成为一分子。而劳务合同双方都是平等民事主体，不存在谁隶属谁，我为你提供劳务，但我不属于你，我也不是你的职工，咱俩是平等的。

劳动合同的签订，是劳动者以个人与单位权利抗衡，个人还将要隶属于单位，很明显处于弱势地位。于是为了保护劳动者，《劳动合同法》赋予劳动者很多法定权利（详见《劳动者有哪些权利》一节），单位不能剥夺，在劳动合同中的相反约定是无效的。而劳务合同是双方通过平等协商确定各自的权利义务，《劳动合同法》并不插手双方权利义务的约定，双方有很大自主权。由此来看，法律对劳动者的保护力度是大大高于劳务合同对提供劳务者的保护。

案例中李、韩遭遇的情况类似，但权利不同，正是因为李与公司是劳动合同关系，韩与公司是劳务合同关系。那么李、韩都是全天候为公司工作，看上去都像是公司的一员，为什么李是劳动关系，而韩是劳务关系呢？因为这里有一个法律规定，劳动者必须"在法定退休年龄以下"。根据现在的法律，男满60周岁、女满50周岁（女干部满55周岁）即达到法定退休年龄。韩是1960年出生，在与公司订立合同时已经超过50周岁，所以韩不符合"劳动者"的身份，韩与公司的合同自然不属于劳动合同。

本计讲的是劳动者与用人单位签订的劳动合同的相关法律规定。

劳动合同的订立

用人单位应该自用工之日起，1个月内与劳动者订立书面劳动合同。超过1个月不满1年未订立，应当向劳动者每月支付2倍工资。满1年未订立，视为双方已订立无固定期限劳动合同。

根据法律的规定，如果用人单位不与劳动者订立书面劳动合同，那么面临最高支付11个月的双倍工资。

劳动合同的分类

劳动合同分为有固定期限的、无固定期限的，以及以完成一定任务为期限的。从劳动者角度来说，有固定期限的劳动合同，就是到时间就可以解除的合同，对劳动者来说不是很有保障，毕竟到期就面临着失业的风险；无固定期限合同，没有约定合同的终止时间，一般情况下劳动者没有过错或特殊情况，单位不能辞退劳动者，这种合同对劳动者的保障就大很多，劳动者的失业风险小。以完成一定任务为期限的劳动合同一般存在于特殊行业，其覆盖面比较狭窄，也比较少见，此处不赘述。

既然无固定期限劳动合同对劳动者的保护较大，那么劳动者一定要知道在什么情况下，用人单位必须与自己签订无固定期限劳动合同：

1. 在该用人单位连续工作满 10 年；

2. 该用人单位首次实行劳动合同制度，或国有企业改制重新订立劳动合同时，劳动者在该单位连续工作满 10 年且距离法定退休年龄不足 10 年；

3. 连续签订 2 次固定期限劳动合同，且劳动者既没有单位可以解雇他的法定过错（详见《"炒老板"与"炒鱿鱼"》一节），又没有无法胜任工作的情况，双方续签劳动合同的。

前两项是为了保护老员工，第三项是为了防止用人单位把本应订立无固定期限合同的持续用工，人为分割成一小段一小段的固定期限合同。

出现以上 3 种情况，除非劳动者提出要继续签订固定期限合同，否则用人单位都应该与劳动者签订无固定期限合同。不过很多公司并不会自觉与劳动者签无固定期限合同。此时，劳动者可以提出要求签无固定期限合同，如果公司拒绝，那么从应该订立无固定期限合同之日起算，每个月应向劳动者支付双倍工资。

此外，还有 1 种特殊情形上面已经提及，即用人单位自用工之日起，超过 1 年未签订书面劳动合同，则视为已签订无固定期限劳动合同。

举个例子：

甲 2012 年 1 月 1 日到 A 公司上班，一直没签合同。到 2013 年 12 月 30 日，A 公司人事经理要求辞退甲。这时，甲可以拒绝被无故辞退。因为甲从 2013 年 1 月起，已经成为了 A 公司的无固定期限合同员工。同时，甲可以要求 A 公司支付 11 个月的双倍工资（2012 年 2 月至 2012 年 12 月）。

劳动合同的内容

劳动合同必须包括的内容有劳动者信息、用人单位信息、劳动合同类型（固定期限劳动合同须明确合同期限）、工作内容、工作地点、工作时间、休息休假情况、劳动报酬、社会保险、劳动条件、劳动保护及职业危害防护等。

用人单位和劳动者还可以约定试用期、培训与服务期、保密协议、其他福利待遇等。

双方协商可以变更劳动合同，变更应采用书面形式。双方达不成协议的，应遵守原合同规定。但是，如果口头变更合同后已履行超过 1 个月，那么就不能再以"未采用书面形式"主张变更无效了，因为其已经用行动表示了对该变更的认可。

用人单位合并、分立、改名，法定代表人、主要负责人、投资人、人事部经理等的变更，均不影响已经签订的劳动合同的履行及生效。用人单位不能以此否认劳动合同的效力。

年律师说法

公民维权 第 16 计

1. 要注意劳务合同与劳动合同的区别，在找工作时要与单位签订劳动合同，才算是公司员工，能享受各种劳动者的法定权利。如果签的是劳务合同，权利保障会大打折扣。

2. 劳动关系建立的标准是"用工"，而不是"签合同"。所以，哪怕没签合同，只要人已经去单位上班了，劳动关系就建立了，人就是单位的员工了。当与单位发生纠纷时，只要证明自己在这个单位上过班，就是这个单位的员工。可以提供工作证、门禁卡、办公室门卡或钥匙、上下班打卡记录、签到表、工资单、工作服、本人上班时间进出单位的监控视频等证据，或请同事、保安、保洁员做证等，证明用工情况。

3. 要注意保留证据证明用工的起始日期。如果超过 1 个月单位没有找你签合同，那么你就可以开始算自己的双倍工资了。一旦离开单位，可以考虑要求单位支付。

但是要注意一点，如果单位一直没有找你签合同，那么你可以随时要求双倍工资；如果单位后来和你补签了合同，只是在签合同之前有一段时间没签，那么就有一个诉讼时效的问题——超过1年，就过了诉讼时效，就无法再主张双倍工资了。

举例说明：

情况1：张三于2012年1月1日开始在A公司上班，一直没签合同。2013年6月1日，张三辞职，此时他可以要11个月（2012年2月至12月）的双倍工资。

情况2：张三于2012年1月1日开始在A公司上班，A公司于2012年6月1日与张三签订合同。2013年4月1日张三辞职，此时距离2012年5月31日（没签合同的最后一天）没有超过1年，那么张三就可以主张4个月（2012年2月至5月）的双倍工资。

情况3：张三于2012年1月1日开始在A公司上班，A公司于2012年6月1日与张三签订合同。2013年7月张三辞职，此时距离2012年5月31日已超过1年，那么已经过了诉讼时效。张三无权主张双倍工资。

4.注意保留已经签过的劳动合同。劳动合同在证明劳动关系及计算工龄等方面都有重要作用，而且合同内容是劳动者行使权利、履行义务的重要依据。在发生劳动争议时，劳动合同是最直接、最有利的证据。

5. 在实践中，双倍工资的计算是以当月实际工资为基数的。所以劳动者应注意保留工资条或其他工资发放证据，在主张双倍时，可以有据可循。比如张三到A公司上班，第1个月工资2000元，第2个月3000元，第3个月4000元。第四个月A公司与张三订立合同约定工资是每个月5000元。那么张三主张双倍工资，应是以第2、3个月工资为基数，A公司需要再给张三7000元。

6. 单位无正当理由擅自决定把你换到其他地方上班、降低工作条件、更换工作岗位、改变工作内容或减少工资福利待遇时，要及时搜集证据（比如单位人事调动的书面通知、自己到新的工作场所上班的打卡记录、签到记录、新工作环境的照片、在新工作岗位上工作的照片、新的工资单等），并提出异议。

异议可以向单位相关的人事部门提出，也可以向工会或单位内部调解小组求助。但最好要以书面形式提出（比如写申请书），便于保留，作为自己曾提出过异议的证据。

另外，必须及时、尽快提出。因为如果没有提出异议，并已经履行超过1个月，就可能以行为构成对相关变更的"默认"，从而丧失请求恢复原合同的权利。

十七、你的试用期合法吗

案例

李雷到某公司应聘。公司与李雷商量，先签 1 年的试用期合同。如果 1 年以后公司满意，再与李雷签订正式劳动合同。李雷同意并与公司签了试用期合同。李雷工作 6 个月之后，公司经营出现问题，连续几个月营业额亏损。于是公司决定解雇李雷及其他几个员工来减小开支。李雷当即拒绝。公司认为李雷是试用期员工，公司随时可以解除合同。双方发生争议。

在求职过程中，我们经常遇到试用期的问题。员工在试用期工作中总是战战兢兢、如履薄冰，生怕干得不好就会被随时炒掉。那么，是不是试用期真的这么"可怕"呢？本计我们讲的是法律关于试用期的相关规定。

是否可以约定试用期

劳动者和用人单位经过协商达成一致，可以在劳动合同中约定试用期。但是，以下 3 种情况除外：

1. 双方签订的是以完成一定任务为期限的劳动合同；

2. 双方签订的是不满 3 个月的固定期限劳动合同；

3. 双方只约定试用期，而没有约定劳动合同期限的。

以上情况下，如果双方仍然约定了试用期，那么约定无效，该期限视为劳动合同期限。

我们反观开篇案例，公司与李雷只约定了 1 年试用期，而并没有约定双方劳动合同期限。那么这个试用期的约定无效，视为公司已与李雷签订了 1 年固定期限合同。

试用期的长短

法律根据劳动合同的期限，对试用期上限进行了规定：

1. 劳动合同期限是 3 个月以上（包括 3 个月），但不满 1 年的，试用期最多约定 1 个月；

2. 劳动合同期限是 1 年以上（包括 1 年），但不满 3 年的，试用期最多约定 2 个月；

3. 劳动合同期限是 3 年以上（包括 3 年）的，试用期最多约定 6 个月；

4. 无固定期限劳动合同，试用期最多约定 6 个月。

双方约定的试用期超过法律上限的，由劳动行政部门（一般是劳动监察队）责令改正。如果违法约定的试用期已经履行完毕了，那么用人单位就要对劳动者进行赔偿。

赔偿数额 = 试用期满后的月工资 × 实际超法定试用期的

月数

举例说明：

如果张三与 A 公司签了 3 年的固定期限劳动合同，双方约定试用期 1 年，试用期月工资 4000 元，试用期满月工资5000 元。张三在已经工作了 8 个月的时候辞职，以试用期超期为由要求 A 公司赔偿。那么赔偿的数额就是 5000 元 ×（8个月—6 个月）=10000 元。

注意，这个赔偿并不影响正常拿工资。就是说，A 公司在之前给张三支付的工资（4000 元 / 月 ×8 个月），并不受影响。赔偿是在工资以外进行的。

试用期的次数限制

一个单位与同一劳动者最多只能约定一次试用期。如果劳动者在入职时已经有过了试用期，那么这个人在这个单位工作期间，不得以换部门、换岗位、升职、改变工作内容等为理由再次约定试用期。

试用期工资

试用期工资往往比转正后工资低，这也是用人单位喜欢约定试用期的原因之一。但是，低也有限度。试用期工资不得低于三条线（不得低于任何一条线）：

1. 单位所在地的最低工资标准（各地区有自己的规定）；

2. 本单位相同岗位的最低档工资的 80%；

3. 劳动合同约定（转正后）工资的 80%。

如果用人单位给的试用期工资低于以上标准，应当补足差额部分；逾期不支付的，按应付金额的 50% ～ 100% 向劳动者支付赔偿金。

试用期员工的辞职与辞退

试用期员工若辞职，需要提前 3 天通知单位即可。有些用人单位据此以为辞退试用期员工同样只需提前 3 天通知，这种理解是错误的。

用人单位并不能随意辞退试用期员工。用人单位若想单方辞退试用期员工，除非能证明该员工不符合录用条件，否则与辞退正式员工一样，必须符合法定条件（详见《辞职与辞退》一节）。

如果用人单位既没有证据证明试用期员工不符合录用条件，又不符合辞退员工的法定条件，擅自解雇试用期员工，那么和违法辞退正式员工一样，将要面临经济赔偿。

律师说法

公民维权 第17计

1. 即使处于试用期，也有权利要求与用人单位签订书面劳动合同。很多单位对试用期员工不签合同，只有口头约定。这是违法的。一旦用工，无论是否约定试用期，都必须签书面的劳动合同。否则超过1个月，劳动者就可以主张双倍工资。

2. 如果用人单位没有现成的关于录用员工条件的规章制度，那么在签订合同时，要询问用人单位关于自己职位的录用标准，并尽量以文字形式标注在劳动合同里。这样，在试用期内用人单位就无法随意以"不符合录用条件"为由解雇员工了。

3. 试用期员工有权要求用人单位支付薪酬、缴纳社保，有权享受法定节假日休息权、享受工伤待遇等。与正式员工无异地享受劳动者各项法定权利。

十八、遭遇工伤

案例

　　李雷在某工厂工作。2016 年 3 月 1 日由李雷负责值夜班。当晚 11 点 45 分，李雷在值班室睡着了。3 月 2 日凌晨 3 点，工厂出现白磷自燃导致爆炸，值班室被炸毁，李雷被墙体砸伤。经过医院抢救，李雷脱离生命危险，但右腿被截肢。5 月 25 日，工厂经理到医院看望李雷，表示工厂会支付李雷 6 万元慰问金，但由于李雷在值夜班期间睡觉，对工厂发生爆炸有不可推脱的责任，所以工厂决定辞退李雷，出于人道关怀，对于其造成的损失不予追究。李雷不服，认为工厂爆炸是白磷自燃造成，不是自己的原因导致，自己不应该承担这个责任。另外，6 万元的慰问金完全不足以支付其所需医疗费。于是李雷委托律师提起劳动仲裁。

　　劳动者在工作的过程中可能会受伤，尤其是一些有危险的工作，如高空、高温、高压作业，或者操作锋利的机器，或者接触有毒有害的物品等，一旦劳动者受伤，甚至可能会造成终身的残疾。那么，当劳动者受伤无法继续工作，且需要一大笔治疗费用时，应该怎么办？这时用人单位应该给予劳动者怎么样的支持和帮助？本计讲的是劳动者受到工伤后应如何维权。

工伤及认定

工伤，是指劳动者因工作遭受事故伤害或患职业病。在认定工伤时，主要包括以下几种情况：

1. 工作时间、工作场所内，因工作原因受伤；

2. 工作时间前后、工作场所内，从事与工作有关的预备性或者收尾性工作受伤；

3. 工作时间、工作场所内，因履行工作职责受到暴力等意外伤害；

4. 患职业病；

5. 因工外出期间，由于工作原因受到伤害或者发生事故下落不明；

6. 在上下班途中，受到非本人主要责任的交通事故或城市轨道交通、客运轮渡、火车事故伤害；

7. 工作时间、工作岗位，突发疾病死亡或者在 48 小时之内经抢救无效死亡；

8. 在抢险救灾等维护国家利益、公共利益活动中受伤；

9. 原在军队服役，因战、因公负伤致残，已取得革命伤残军人证的职工，到用人单位后旧伤复发。

这里有几点要进行特殊说明：

第一，对"工作时间"和"工作地点"要做广义的理解。工作时间，不仅指劳动合同中规定的劳动时间，还应该包括前后作准备及收尾工作的时间、加班加点的工作时间、接受用人单位临时性指派任务进行工作的时间、因公出差的时间等；工作地点，不仅指用人单位，还包括被劳务派遣的场地、因公外出的目的地及往返路途等。

第二，因为"工作原因"受伤，也要做广义理解。不能仅认为从事劳动合同中规定的工作内容才叫"工作"，只要是从事与用人单位利益相关的活动，都应该理解为"工作"。包括一些临时性的"串岗"，以及自发行为。举例说明，"串岗"就是本来是张三的工作，张三私下和李四商量由李四来做；"自发行为"就是本来并不是张三分内的工作，张三主动去干了。在串岗或自发行为中受伤，也算因"工作原因"受伤。

第三，"因履行工作职责受到暴力等意外伤害"算工伤，因非职责范围内的维护公司利益的行为受到意外伤害也应该算工伤。前者比如说公司保安在阻止匪徒抢劫公司时受伤，后者比如说公司普通员工在阻止匪徒抢劫公司时受伤，两者都应该算作工伤。

第四，"职业病"的理解应做狭义理解。现代人经常坐办公室，经常喝酒应酬，工作压力大身体常常出现这样那样的毛病，但这些并不都能被认定为"职业病"。法律对"职业病"的定义是"劳动者在职业活动中，因接触粉尘、放射性物质和其他有毒、有害因素而引起的疾病"。国务院出台了《职业病分类和目录》，对"职业病"进行罗列。目前只有《职业病分类和目录》中列举的疾病可以被认定为职业病。

第五，"上下班路上遇车祸"这种情况中，"上下班"既包括按时上下班，也包括迟到和早退上下班。用人单位不能以劳动者迟到或早退为由拒绝认定工伤。"路上"既包括单位和住所的直接路线，也包括劳动者为了解决基本生活需要在上下班路途中增加的必要路线。比如，上班途中买早餐，下班途中买晚餐等。车祸能否认定为工伤，取决于事故责任认定——非本人主要责任，才可以认定为工伤。

法律还规定了哪些情况不能认定为工伤：

1. 劳动者故意犯罪的；

2. 劳动者醉酒或吸毒的；

3. 劳动者自残或自杀的。

这里有一个问题，陪客户喝酒后受伤，甚至有的喝酒猝死，他们算不算工伤？答案是不算。虽然大家都知道应酬喝酒一般都是为了工作，为了跑单子拉客户搞关系，但是国家和法律并不认可，也不提倡喝酒这种工作方式。

工伤处理程序

工伤事故发生（或者被诊断为职业病）后，劳动者应该及时告知用人单位。用人单位应在事故发生（或诊断做出）之日起30日内向统筹地区社会保险行政部门提出工伤认定申请。用人单位不申请的，劳动者或其近亲属、工会组织可以在事故发生（或诊断做出）之日起 1 年内直接提出工伤认定申请。

社会保险行政部门认定属于工伤的，劳动者享受工伤医疗待遇。劳动者治疗结束并且伤情稳定以后，可以向劳动能力鉴定委员会申请伤残等级评定。按照评定结果，享受伤残待遇。

用一个简单的图来表示：

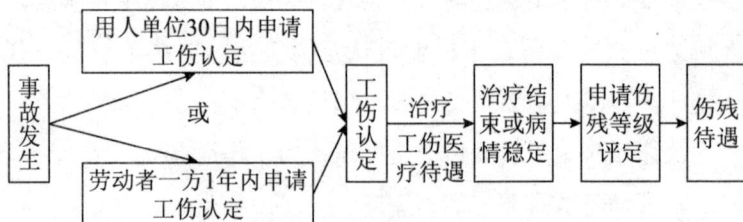

工伤医疗待遇

工伤医疗待遇包括：

1. 治疗所需费用，符合工伤保险诊疗项目目录、工伤保险药品目录、工伤保险住院服务标准的，从工伤保险基金支付；

2. 住院治疗的伙食补助费，从工伤保险基金支付；

3. 经医疗机构出具证明，报经办机构同意，到统筹地区以外就医所需交通、食宿费用，从工伤保险基金支付；

4. 符合规定的工伤康复费用，从工伤保险基金支付；

5. 经劳动能力鉴定委员会确认，可以安装假肢、矫形器、假眼、假牙和配置轮椅等辅助器具，按国家标准从工伤保险基金支付；

6. 根据劳动者工伤的情况不同，可获得一般不超过12个月，最多不超过24个月的"停工留薪期"。各地对停工留薪期长短的规定不同，有的是按病种进行统一规定，有的是按照医疗机构出具的证明进行个别确定。

在停工留薪期内，劳动者的原工资福利不变，用人单位按月支付。如果劳动者生活不能自理需要护理，由用人单位负责。

劳动者评定了伤残等级后，停发原待遇，享受伤残待遇。

如果劳动者的停工留薪期届满，但仍需要治疗，则可以继续享受1～5项的工伤医疗待遇。直到治疗结束或病情稳定，再进行伤残等级评定。

伤 残 待 遇

伤残等级分为10个等级，最重是1级，最轻是10级。劳动者按照伤残等级评定结果，享受伤残待遇。

1. 评定为1～4级伤残的，保留劳动关系，劳动者退出工作岗位。享受以下待遇：

① 一次性伤残补助金：从工伤保险基金支出，1～4级伤残的标准依次为27、25、23、21个月的本人工资。

② 伤残津贴：从工伤保险基金支出，1～4级伤残的标准依次为本人工资的90%、85%、80%、75%。伤残津贴实际金额不得低于当地最低工资标准。

③ 劳动者达到退休年龄、办理退休手续后，停发伤残津贴，享受基本养老保险待遇。养老保险待遇不得低于伤残津贴，低于的部分由工伤保险基金补足差额。

2. 评定为5～6级伤残的，劳动者享受以下待遇：

① 一次性伤残补助金：从工伤保险基金支出，标准分别为18、16个月的本人工资。

② 保留劳动关系，用人单位为其安排适当工作。难以安排工作的，由用人单位按月支付伤残津贴，标准分别为本人工资的70%、60%。伤残津贴不得低于当地最低工资标准，低于的部分由用人单位补足差额。

③ 经本人提出解除或终止劳动关系的，由工伤保险基金支付一次性工伤医疗补助金，并由用人单位支付一次性伤残就业补助金。标准由各省级人民政府规定。

3. 评定为7～10级伤残的，享受以下待遇：

① 一次性伤残补助金：从工伤保险基金支出，标准分别为13、11、9、7个月的本人工资。

② 劳动合同期满终止，或本人提出解除劳动合同的，由工伤保险基金支付一次性工伤医疗补助金，并由用人单位支付一次性伤残就业补助金。标准由各省级人民政府规定。

劳动者已经评定伤残等级，且经劳动能力鉴定委员会确认需要生活护理的，从工伤保险基金按月支付生活护理费。按照"生活完全不能自理""生活大部分不能自理"或"生活部分不能自理"3个不同等级，支付标准分别为统筹地区上年度职工月平均工资的50%、40%或者30%。

工 亡 待 遇

工亡即因公死亡。是工伤中最严重的一种情况。对于劳动者工亡的，或伤残职工在停工留薪期因工伤而死亡的，法律规定了对其近亲属的补偿：

1. 丧葬补助金：标准是6个月的统筹地区上年度职工月平均工资。

2. 供养亲属抚恤金：指按职工本人工资一定比例，提供给由工亡劳动者生前提供主要生活来源，且无劳动能力的配偶、子女、父母、祖父母、外祖父母、孙子女、外孙子女、兄弟姐妹的一笔类似"生活费"。标准是配偶每月40%，其他亲属每人每月30%。孤寡老人或孤儿每月增加10%。

所有供养亲属的抚恤金之和，不得高于职工生前工资。

3. 一次性工亡补助金：标准是上一年度全国城镇居民人居可支配收入的20倍。

另外，劳动者工伤被评定为1～4级伤残的，在停工留薪期满后死亡的，其近亲属也有权要求丧葬补助金及供养亲属抚恤金。

现在我们回顾开篇案例。

李雷在值班期间于值班室受到伤害，属于工伤。5月25日李雷尚在住院，应处于停工留薪期内。工厂不但没有申请工伤认定，也没有按原待遇支付工资福利，也没有安排护理，反而想用6万元打发李雷。自然是违法的。

工厂正确的做法是在3月2日起30天内为李雷申请工伤认定，并根据当地规定确定李雷的停工留薪期，在这期间要按原待遇支付工资福利，如果李雷有需要单位还应该安排护理。李雷在治疗期间享受工伤医疗待遇，在李雷结束治疗或病情稳定了，申请伤残等级评定，之后按照评定结果享受伤残待遇。如果工厂没有给李雷购买工伤保险，那么所有应该从工伤保险基金中支付的费用，全部由该工厂承担。

律师说法

公民维权 第 18 计

1. 工伤保险全部由用人单位缴纳，劳动者个人不需要缴纳。如果用人单位以缴纳工伤保险为名义克扣劳动者工资是违法的。

2. 如果用人单位没有给劳动者缴纳工伤保险，一旦发生工伤事故，劳动者有权要求用人单位按照工伤保险待遇标准支付各种费用。

但是劳动者还是应该督促用人单位为自己缴纳工伤保险。因为如果没有工伤保险，一旦遭遇意外伤害只能要求单位支付各种费用，而单位往往会找出各种理由推脱拒绝或拖欠。在劳动者身体已经受到伤害的情况下，再与用人单位发生纠纷相互扯皮无异于乱上加乱、雪上加霜。所以，劳动者要防患于未然，督促单位缴纳。单位未按规定缴纳的，劳动者可以向劳动保障行政部门投诉，也可以选择立即辞职走人并要求单位支付经济补偿金。

3. 劳动者在工作中有过错，并不影响工伤的认定。法律规定的不能认定工伤的情况只有劳动者故意犯罪、醉酒、吸毒、自残和自杀，而并不包括劳动者对发生工伤有过错。所以用人单位不可以以劳动者的过错为由拒绝认定工伤。比如，张三因为违规操作机器导致一只胳膊被绞，李四未到午休时间早退在回家路上遭遇车祸，张三的违规行为和李四的早退行为，都不影响对其工伤的认定。

4. 上下班路上出现车祸，应要求交警出具责任认定书。根据认定书，劳动者不承担主要责任的才可以认定为工伤。

5. 劳动者应该在签订服务协议的医疗机构就医，情况紧急时可以先到就近的医疗机构急救。如果签订服务协议的医疗机构无法进行医治或其他原因需要转院的，应由该医疗机构同意并出具证明，并按照社会保险经办机构规定的流程办理。不要擅自转院，以免在费用报销上出现问题。

6. 各地对工伤医疗待遇、伤残待遇、工亡待遇可能会有不同的规定，即使规定了相同的保险待遇，其具体费用的计算标准也可能会不同。劳动者在发生工伤事故以后，应该立即查询当地的具体规定，作为依据主张权利。

十九、"炒老板"与"炒员工"

案例

　　韩梅梅毕业后通过舅舅的关系，进入某公司工作，每个月工资 3000 元（当地最低工资 1500 元）。5 年后，由于舅舅与该公司关系恶化，公司欲解雇韩。韩的上司多方面查找韩工作的漏洞。但是由于韩工作比较细心，所以没有找到纰漏。于是公司以韩本月出现 2 次迟到、3 次早退为由，要求韩自动辞职。韩拒绝。于是公司向韩出具了《解除劳动关系通知书》。韩不服，提起劳动仲裁。经仲裁，公司与韩恢复劳动关系。

　　在当今社会已经几乎没有了"铁饭碗"，"炒员工""炒老板"都司空见惯。劳动者与用人单位双方协商一致，就可以解除劳动合同。但现实中常常出现双方未协商，或协商不成的情况。劳动者辞职，也就是我们常说的"炒老板"，一般是劳动者的个人选择，有心理准备，也想好了退路。但是用人单位决定辞退劳动者，也就是我们常说的"炒鱿鱼"，往往会对劳动者生活造成很大影响。所以，法律对用人单位什么情况下能辞退劳动者进行了严格的限制。本计我们要讲的就是法律对辞职、辞退以及其相关程序的规定。

辞　　职

劳动者有权决定辞职，用人单位不能不放人。但是为了保障单位权益，劳动者需要提前 30 日书面告知单位（一般是写《辞职书》）。如果劳动者在试用期内，只需提前 3 日告知，而且可以口头告知。

但是，如果用人单位有以下情况，劳动者可以立即辞职，不需要提前通知单位，单位必须立即放人，并支付经济补偿金：

1. 未按合同提供劳动保护或劳动条件；

2. 未及时足额支付劳动报酬；

3. 未依法为劳动者缴纳社保；

4. 规章制度违法，损害劳动者权益；

5. 以欺诈、胁迫、乘人之危手段使劳动者违心签订或变更劳动合同；

6. 以暴力、威胁、限制人身自由等手段强迫劳动；

7. 违章指挥、强令冒险作业危及劳动者人身安全。

实际生活中用人单位与劳动者签劳动合同时，往往会在合同中规定"劳动者辞职需要提前 30 日书面告知单位"。如果劳动者没有做到提前 30 日告知，有的用人单位会以此为由向劳动者索要违约金或克扣工资。

这种约定是违法的。法律规定用人单位在劳动合同中，只有两种情况可以约定劳动者违约金：一种是劳动者违反服务期约定；另一种是劳动者违反竞业限制约定。（**服务期约定，**是指用人单位给劳动者提供专项培训，并要求其需要在一定时间内不得辞职的约定；**竞业限制约定，**是指劳动者的工作涉及用人单位的商业秘密或知识产权，用人单位与劳动者约定在解除或终止劳动合同后，劳动者在一定期限内不得从事同类业务的约定。）所以，用人单位以"未提前30日书面告知"为由要求劳动者承担违约金或克扣劳动者工资的行为于法无据。除非因劳动者未提前告知确实给用人单位造成实际损失，且用人单位能够提供证据证明损失情况，那么用人单位可以要求劳动者进行赔偿。

辞　　退

用人单位辞退劳动者分为两种：一种是"立即辞退"；另一种是"告知辞退"，即需要提前30日书面告知，或额外支付一个月工资作为"代通知金"之后辞退。两种辞退都需要有法定理由。

1. 当劳动者出现以下情况，单位可以对他立即辞退，且不需要支付经济补偿金：

① 在试用期被证明不符合录用条件；

② 严重违反规章制度；

③ 严重失职，营私舞弊，给单位造成重大损害；

④ 同时与其他单位建立劳动关系，对完成本单位工作造

成严重影响，或经用人单位提出后拒不改正；

⑤ 以欺诈、胁迫、乘人之危手段使用人单位违背意愿签订或变更劳动合同；

⑥ 被追究刑事责任。

2. 出现以下情况的，单位可以对他告知辞退，但需要支付经济补偿金：

① 劳动者患病或非因公负伤，医疗期满后不能从事原工作，也不能从事用人单位另外安排的工作；

② 劳动者不能胜任工作，经过培训或调岗后仍不能胜任；

③ 劳动合同订立时所依据的客观情况发生重大变化，致使合同无法履行，经与劳动者协商未能达成一致变更合同内容。

3. 还有一种情况比较特殊，就是用人单位进行裁员。裁员是用人单位一次性与 20 人以上，或虽不足 20 人但占职工总数 10% 以上劳动者解除劳动关系的行为，法律规定了严格的条件限制：

① 实质条件：用人单位必须有切实需要裁员的理由。比如，重整、生产经营严重困难的；转产、重大技术革新、经营方式调整，经过变更劳动合同后仍需要裁减人员的；劳动合同订立时依据的客观情况发生重大变化，致使劳动合同无法履行的等。

② 程序条件：用人单位提前 30 日向工会或全体职工说明情况，听取工会或职工意见后，将裁员方案向劳动行政部门报告。

符合条件的用人单位可以裁员，但应优先留用与单位订立较长固定期限劳动合同的员工、无固定期限劳动合同的员工，以及家庭无其他就业人员又有需要扶养的老人或未成年的员工。用人单位在裁员之后 6 个月内又重新招人的，应当通知被裁减的人员，并在同等条件下优先招用。

法律还规定了对"特殊"劳动者的特别保护。在以下情况，用人单位不可以告知辞退或通过裁员方式辞退劳动者：

1. 从事接触职业病危害作业的劳动者未进行离岗前职业健康检查，或疑似职业病病人在诊断或医学观察期的；

2. 在本单位患职业病或工伤并被确认丧失或部分丧失劳动能力的；

3. 患病或非因公负伤，在医疗期的；

4. 女职工在孕期、产期、哺乳期的；

5. 在本单位连续工作满 15 年，且距法定退休年龄不足 5 年的。

以上这些劳动者有的是（疑似）职业病人，有的是受工伤的员工，有的是病患，有的是特殊时期的妇女，有的是年纪较大的老员工，都属于弱势群体，辞退他们将对他们的生活造成很大负面影响。所以法律对他们进行了特殊的保护。当然保护并不意味着绝对不可以辞退。如果他们出现严重过错，符合了立即辞退的法定理由，还是可以辞退的。

辞退劳动者还需要经过一个法定程序——通知工会。工会有权提出意见，单位要将处理结果书面通知工会。有一些单位的工会是形同虚设的，不会对辞退劳动者的决定提出异议。但是即使是这样，只要跳过这个法定程序，辞退就是违法的。劳动者就可以要求赔偿。

经济补偿金

在以下情况解除了劳动合同的，用人单位应当在办理工作交接时向劳动者支付经济补偿金：

1. 出现劳动者可以立即辞职的情况；

2. 用人单位提出解除劳动合同，经与劳动者协商达成一致的；

3. 用人单位告知辞退的；

4. 裁员的；

5. 固定期限劳动合同期满终止的（除"用人单位表示愿意维持或提高合同条件续订，但劳动者不同意"以外）；

6. 用人单位破产、被吊销营业执照、被责令关闭、被撤销或提前解散的。

经济补偿金的数额，按劳动者在本单位工作的年限，每满1年，支付1个月工资的标准支付。6个月以上不满1年的，按1年算；不满6个月的，支付半个月工资。但是如果是高薪（月工资高于所在地上年度职工月平均工资3倍），向其支付的标准按照职工月平均工资3倍支付，年限最高不超过12年。月工资数额按照合同解除或终止前12个月的平均值计算。

举例说明：

张三每个月工资 4000 元，在 A 公司工作了 3 年 5 个月的时候被裁掉了。已知当地上年度职工月平均工资是 1200元。张三的月工资（4000 元）已经高出平均月工资的 3 倍（3600 元），所以公司应补偿张三 3600 元 / 月 ×3.5 个月 =12600 元。

赔 偿 金

用人单位违法解除或终止劳动合同，劳动者要求继续履行的，用人单位应当履行。劳动者不要求履行，或无法继续履行的，用人单位应支付赔偿金。

赔偿金的计算方法，是经济补偿金的 2 倍。

举例说明，还是上面的例子，如果用人单位裁掉张三的决定或者程序不合法，那么应该向张三支付赔偿金 12600 元 ×2 =25200 元。

现在我们回顾开篇案例。

公司要求韩梅梅自动辞职，韩拒绝。双方协商并未达成一致。那么就要看公司是否有权单方解除合同。韩本月出现 2次迟到、3 次早退，的确有一定过失，但是并不符合单位可以"立即辞退"或"告知辞退"的法定条件。

这里有一个关键点，单位是否可以将"2 次迟到、3 次早退"认定为"严重违反规章制度"。什么才算"严重违反规章制度"，目前没有统一标准。但是如果用人单位已经将如何认定形成了书面文件，并向劳动者做好了公示告知工作，那么一般情况下可以认可用人单位的内部规定。而本案例中，韩的迟到和早退只是公司为了开除韩而临时找的借口，并没有相关制度规定，所以不能认定韩的行为构成"严重违反规章制度"。

韩要求继续履行劳动合同，那么公司就要与之继续履行合同。如果韩不要求履行合同，那么公司由于其违法辞退了韩，应该向韩支付赔偿金3000元/月×5个月×2＝30000元。

公民维权 第 _19_ 计

1. 劳动合同中，除服务期与竞业限制之外不得约定劳动者承担违约金。就算约定了也是无效的。所以，劳动者无需对该条款负责，用人单位无权要求劳动者支付违约金。

2. 虽然劳动者未提前30日书面告知单位依然有权辞职，但是为了避免给单位造成损失导致赔偿，还是应该尽到提前告知义务。另外也可以避免扯皮，利人利己。

3. 一般情况下，劳动者只要不出现严重的错误，用人单位想辞退劳动者的成本是很高的，都要支付经济补偿金。所以用人单位一般都会从劳动者"严重违反规章制度"入手，辞退劳动者。因为这种情况下可以避免支付经济补偿金，实现"0成本辞退"。所以劳动者应该重视单位规章制度中的相关规定，避免"雷区"。

另外，如果用人单位想以劳动者"严重违反规章制度"为由将其辞退，前提是用人单位的规章制度中必须有明确的规定，并且要证明已经向该劳动者告知这一规定。如果无法提供证据证明，那么也无权辞退劳动者。

4. 避免刑事犯罪。有时候治安违法行为与刑事犯罪行为的变换只在一瞬间。比如，打架斗殴，可能会被治安处罚，却也可能构成寻衅滋事罪或故意伤害罪受到刑事处罚；再如，酒驾可能被治安处罚，但醉驾就是刑事犯罪等。一旦有刑事案底，就很可能丢工作，而且再找工作也很麻烦。

5. 辞退劳动者既需要符合法定理由，又需要符合法定程序。用人单位违反法定程序辞退劳动者，如辞退决定未听取工会意见、裁员决定未提前30日说明情况、裁员方案未向劳动行政部门报告等，也属于"违法解除劳动关系"，需要支付赔偿金。

二十、"职务发明"的认定

案例

　　李雷在某机械厂从事机器维修工作。李雷依据其8年多的维修经验，总结了机器经常出现故障的原因，并且找出解决方法，在原本机器的基础上进行了升级改造。经李雷改造过后的新机器运转起来效率高且不易损坏。于是李雷想就新机器申请专利。机械厂知道以后，认为李雷的发明属于职务发明，申请专利的权利应该属于机械厂。双方起了争执。李雷认为，新机器是自己利用下班时间研究出来的，应该属于个人发明。而单位坚持李雷能发明出该改进方法，是依据其在工厂上班的经验，并且也利用了工厂机器便利，应属于职务发明。双方诉至法院。经判决，李雷是申请专利权人。

　　灵感源于生活，发明创造往往生成于发明人的生活和工作中。那么，当劳动者在他的工作相关领域辛辛苦苦创造出智力成果，用人单位是否能以"与工作相关"为由获得专利申请权呢？如果单位取得专利权，作为发明人又有哪些权利呢？本计我们要讲的就是关于"职务发明"的相关规定。

职务发明的特殊性

职务发明，是指劳动者在工作中或主要利用用人单位条件进行的发明创造。与普通的发明创造区别在于，普通的发明创造中，发明人对自己的发明创造有处分权，自己可以决定申请或不申请专利。而职务发明中的发明人（也就是劳动者）是没有这个权利的，这个权利属于用人单位。用人单位有权决定申请专利，或者将之作为商业秘密，或者选择公开。

在普通的发明创造中，发明人去申请专利，一旦获批，发明人就获得了专利权，成为专利权人。专利权人可以自己利用专利，也可以把专利权卖给别人，也可以收钱准许别人使用自己的专利。这些都能带来经济收益。但如果是"职务发明"，获批之后产生的专利权是属于用人单位的，其经济收益也会统统流向用人单位。虽然劳动者可以要求一定的奖励和报酬，但是与专利带来的经济收益相比还是微乎其微。所以，一项发明创造是否属于"职务发明"，对作为发明人的劳动者来说至关重要。

职务发明的认定

劳动者的发明创造符合以下条件之一的，属于职务发明：

1.属于本职工作范围内的发明创造；

2. 是劳动者在履行本单位交付的本职工作以外的任务所作出的发明创造;

3. 劳动和退职、退休或工作调动 1 年内作出的,与原来的本职工作或分配任务有关的发明创造;

4. 主要是利用用人单位物质技术条件完成的发明创造。

看某一发明是否属于劳动者"本职工作",不能只看劳动者所在的工作单位,要联系其具体负责的工作内容判断。举例说明,张三在电池生产厂担任人事部经理,张三根据他个人爱好研究出快速生产电池的方法,就不属于职务发明。因为张三虽然在电池厂上班,但是他的工作内容是人事管理,与生产电池无关。

"主要是利用用人单位物质技术条件",既要求"主要",又要求"物质技术条件"。劳动者进行发明创造,必须利用了用人单位的资金、设备、零部件、原材料或者不对外公开的技术资料等条件,而且这些条件对发明创造至关重要,起到了"主要"作用。但是,如果劳动者与用人单位约定了返还资金或者支付使用费,或者仅在已经完成发明创造之后,利用单位的物质技术条件进行验证或者测试的除外。

现在我们回顾开篇的案例。

李雷在机械厂的工作任务是修理机器,而不是生产机器,所以他研究出新机器,与他的本职工作无关。机械厂对李雷的研究过程并不知情,所以这一研究成果自然也不是机械厂给李雷指派的任务。如果想认定这一新机器属于职务发明,只能证明研制新机器是主要利用了机械厂的物质技术条件。但是机械厂并没能提供证据证明。通过常理判断，李雷在旧机器的基础上研制出新机器，很有可能利用了工厂机器的便利对其成果进行试验和检测，但是，法律规定仅在已经完成发明创造之后，利用单位的物质技术条件进行验证或者测试的，不能算作职务发明。所以新机器属于李雷的个人发明。李雷作为发明人有权申请专利。

职务发明中发明人的权利

普通的发明创造中，发明人的权利是完整的——先享有专利申请权，在专利申请获批后，又享有署名权和专利权。而职务发明中，专利申请权和专利权都由用人单位享有，那么作为发明人的劳动者有哪些权利呢？

1. 署名权。即在专利文件中署名的权利。

2. 获得奖励权。用人单位应该对发明人进行奖励。奖励标准的确定，用人单位与劳动者事前有约定的从约定，没约定的遵从公司规章制度。没有规章制度的，按照获得的专利种类分别确定："发明专利"的奖金不少于该单位在岗职工月平均工资的 2 倍；其他（"实用新型专利""外观设计专利"）奖金不少于该单位在岗职工的月平均工资。

3. 获得报酬权。用人单位应该给予发明人报酬。报酬金额的确定，用人单位与劳动者事前有约定的从约定，没约定的遵从公司规章制度。没有规章制度的，选择下列方式之一确定：

① 在专利有效期内，每年按实施专利的营业利润提取。"发明专利"不低于 5%；其他不低于 3%。

② 在专利有效期内，每年按实施专利的销售收入提取。"发明专利"不低于 0.5%；其他不低于 0.3%。

③ 在专利有效期内，每年参照①②计算的数额，根据发明人个人工资的合理倍数确定。

④ 参照①②计算的数额的合理倍数，确定一次性报酬。

用人单位转让该专利，或者许可他人使用该专利，应当从转让费或许可费中提取不低于 20% 作为报酬给予发明人。

单位决定对劳动者的发明创造不申请专利，而作为商业秘密保护的，应当参照以上规定向发明人支付合理补偿。

4. 优先受让权。用人单位如果要转让该专利，发明人享有在同等条件下优先受让的权利。

年律师说法
公民维权 第 20 计

1. 劳动者进行非职务需要的发明创造时，应尽量避免在工作时间、工作地点进行，还要注意尽量避免使用单位的资源，尤其是加密的资源。否则就有可能被用人单位以"职务发明"名义夺走专利权。

2. 按照工作要求进行职务发明之前，尽量与用人单位先签订协议，或作出书面约定，把奖金数额、报酬计算方式、支付方式、支付时间等重要内容确定下来。

3. 用人单位侵犯发明人署名权的方式，包括不给发明人署名，还包括将非发明人署名。在完成发明过程中，只负责组织、管理、辅助性工作的人以及提供物质技术条件的人都不是发明人，不应在专利文件中被署名。非发明人没有付出劳动，就获得个人荣誉，对辛辛苦苦搞研发的发明人是不公平的。发明人对此有权提出异议，要求用人单位改正。

4. 各地对职务发明中给予发明人的奖励和支付报酬的标准可能会有不同的规定（只可能高于，而不能低于本节中给出的标准）。要了解所在地规定，从而维护自己经济利益。

5. 发明人有权要求用人单位告知其实施、转让或者许可他人使用该职务发明所获得的经济效益情况。同时发明人也应该注意观察核实用人单位是否如实相告。如果发觉用人单位给出的经济效益数额明显不对，又找不到证据，可以交由会计事务所查账。

6. 有的用人单位以亏损为由，拒绝向发明人支付报酬。这是不合法的。是否应该支付报酬、支付多少报酬，不是以单位盈亏来决定的，而是实施该专利是否获得收益、收益大小决定的。有的企业整体亏损，但该专利部分却盈利，这种情况仍需向发明人支付报酬。

第四章

消费者领域

二十一、顾客受伤受损，商家负责吗

案例

　　李雷带着儿子李明（6岁）去商场购买学习用品，由于当天下雨，商场地面湿滑。李明在挑选商品时一脚踩滑仰面摔倒，后脑撞击地面昏迷。医院诊断李明为轻微脑震荡，要求李明住院观察。后医院发现李明有颅内出血，对其进行手术。出院后，李雷要求商场赔偿医药费。商场表示当天下雨，商场内已经立有防滑提示牌，李明的跌倒是李雷没有尽到监护人责任导致的，拒绝支付医药费。李雷遂起诉到法院。

　　消费者在经营场所受伤受损的情况很常见，如逛商场摔伤、去饭店吃饭丢手机、在试衣间被偷拍等，这些情况下消费者的健康权、财产权、隐私权都受到损害。商家往往以"是你自己不小心""丢东西找小偷""被偷拍找拍你的人"之类的借口推脱。那么，遇到类似情况，商家是否应该承担责任？应该承担多大的责任？

商家是否应该承担责任

法律规定"宾馆、商场、餐厅、银行、机场、车站、港口、影剧院等经营场所的经营者，应对消费者尽到安全保障义务。既要保障消费者人身权、健康权，又要保护其财产安全。经营者没有尽到安全保障义务，造成消费者损害的，应当承担责任。"由此看来，经营者是否承担责任，取决于他们有没有尽到安全保障义务。那么安全保障义务包括哪些呢？

一般情况下，经营者要保障其经营场所的各项设备设施安全，如墙体、搁置物、悬挂物、电梯、附属设施（如免费提供的休息室、游乐场等）都应该是安全的。有国家统一的安全标准的，应该确保符合国家标准；没有国家标准的，应符合地区标准或行业标准；没有地区或行业标准的，也应该符合从事经营活动所应该达到的安全标准。经营者还应该尽量排除经营场所内消费者可能受到的损害，如保证地面干净整洁，防止消费者滑倒或被绊倒；做好卫生消毒，避免疾病传播；装好监控视频，防止消费者财物被盗；放置安全提示牌，提请消费者注意可能出现的危险；经营场所较大的，应该按照营业地区的相关规定，安排安保工作人员等。

当然，经营者的安全保障义务不是无限的，是在合理范围内的。发生争议时，一般会根据经营者的经营范围、场所大小、人员流动情况等综合考量，个案分析，确定经营者是否尽到了安全保障义务。

我们来看开篇的案例。

雨天商场地面湿滑，导致 6 岁的李明滑倒受伤，这显然是商家没有尽到安全保障义务。虽然已经放置了防滑提示牌，但提示牌并不足以起到预防消费者受伤，尤其是预防小朋友受伤的作用。所以商场应对李明受伤承担责任。

再举一个例子，消费者在饭店吃饭期间手机被偷，饭店是否需要承担责任？同样，还是要看饭店是否尽到了合理的安全保障义务。现在基本上饭店都会在大厅张贴"请注意保管财物"之类的告示牌，还有一些饭店会用座椅套帮顾客罩好随身携带的衣物，并在饭店公共区域安装监控摄像头，都是为了预防消费者遭受财物损失。消费者如果丢失财物想要饭店赔偿，就要证明饭店有过错，如没有提请消费者注意财物安全、可以制止但没有及时制止行窃、可以帮消费者抓小偷儿但却袖手旁观等。当然，饭店义务大小也需要个案分析，不可能苛求一个早餐店配备保安，也不可能因为一个大饭店贴有防盗告示牌就可以免除其赔偿责任。

商家应该承担多大的责任？

商家要承担的责任应该与其过错的大小相对应。像开篇案例中：

李雷作为李明的监护人，没有照顾好小孩有责任；李明自己走路不小心也有责任；商店没有清理好地面雨水，也有责任。但是，李明并没有在商场跑跑跳跳，而是在正常挑选商品中摔伤，而且湿滑的地面可能会导致任何一个人摔伤，无论是成年人还是未成年人。综合考虑，李明受伤的最主要原因在于商场责任。所以最终会让商店承担大部分医药费。

如果有其他侵权人时，会减轻商家责任。举例说明，如果李明在挑选商品时，被其他小朋友推搡导致滑倒，那么侵权人就是这个小朋友，由他的父母承担主要责任。商店地面湿滑是导致滑倒的次要原因，商店承担次要责任。各自分担赔偿比例，要由法官根据各方的过错程度定夺。

年律师说法

公民维权 第 21 计

1. 消费者在经营场所受伤受损，可以向经营者主张权益，不能自认倒霉，吃了哑巴亏。要注意取证，证明商家对自己受伤受损有责任，以便于日后维权。

如果受伤，要尽快就医（严重的拨打 120 急救），及时、全面拍照，留存医院诊断证明及各项花销明细。如果有证人，要保留证人联系方式，以便日后取证；没有证人，可以向商家调取视频监控；或者在受伤不严重、无须立即就医的情况下，找到商家或相关负责人确认受伤情况。

如果财物受损，应该立即拨打 110 报警，报警、出警记录和笔录都可以作为受损证据。报警时要商家或相关负责人在场予以确认。要提供证据证明自己丢了东西比较麻烦，消费者可以调取视频监控、找证人予以证明。如果丢失的是手机，也可以通过调取通话记录，显示消费者在经营场所活动期间有电话、短信接收，以此证明消费者确实有带手机过来，并在经营场所丢失。

2. 如果在经营活动场所受到他人侵害，在向侵权人主张赔偿的同时，也可以向商家主张赔偿。商家应该保证其经营场所的安全性，消费者受到他人伤害，商家没有及时制止，其实是没有给消费者提供一个足够安全的消费环境，是有责任的。尤其是消费者被他人侵害之后，找不到侵害人的情况（如消费者正在商场逛街，遇到有人打架，混乱之中受伤，但打架的人跑掉了），此时消费者就应向商家要求赔偿。

3. 现在大到商场、影院、宾馆、机场、车站等，小到各种杂货店、小吃店，几乎都会张贴悬挂防盗提示，在潮湿天气竖立防滑提示，在有台阶的地方竖立"小心台阶"的标志，当出现消费者受伤受损时以此摆脱责任。消费者要提供证据证明商家有责任还是有一定难度的，加之全国各地法院在判这类案件时也有不同的态度，没有统一标准，所以消费者在追究商家责任时也有可能受到阻碍。

消费者受伤受损时，可以从商家设施设备是否有不符合国家、地区或行业规定入手。比如，电梯没有定期保养、楼梯宽度高度坡度不符合公共场所标准、消防或卫生设施缺失或无法正常使用、未按公安机关或行政部门的要求安装监控摄像头等。消费者可以指出自己受伤受损，是由商家设施设备不达标导致。这样商家就无法推卸责任。

当然，消费者最主要的还是从自身出发，在公众场所保护好自己和随身财物，避免不必要的损失。

二十二、商品出问题，消费者找谁赔偿

案例

　　李雷在某商场看到某品牌家电在搞促销活动，于是买了一台电风扇，商家赠送了一个电热水壶。过了几天，李雷在使用电热水壶的时候发生了漏电，李雷被电流击伤住院治疗，总共花费医药费、住院费 3577 元。李雷出院后要求商家赔偿损失。商家认为电热水壶是赠品，以此为由拒绝了李雷的要求。李雷不服，提起诉讼。

　　商品出现质量问题，给消费者造成了人身伤害或财产损失，能否获得赔偿？向谁主张赔偿？赔偿金如何计算？本计我们就来讲解商品致伤致损时，消费者应该怎么办。

能否获得赔偿

　　美国一位老太太在麦当劳买了杯咖啡，手一滑整杯倾洒，导致双腿及下体严重烫伤。老太太多次进行植皮手术，身心受到极大伤害。虽说是老太太自己没拿稳咖啡，但是麦当劳公司也有责任，一是麦当劳出售的咖啡温度过高（比同行业高出 10 ～ 16 摄氏度）；二是咖啡杯是光滑纸质的，不容易拿稳；三是咖啡杯上并没有提请消费者注意防烫伤的警示。因此老太太的律师以麦当劳的咖啡存在"产品缺陷"为由主张赔偿，并得到支持。陪审团初次判决麦当劳向老太太赔偿286 万美元，后来双方庭外和解。这就是在全世界引起轩然大波的"麦当劳赔偿案"，体现了美国对消费者权益的极大保护。

那么我国对商品责任是怎么规定的呢？依据生活常识，买来的商品有质量问题，给消费者造成了人身伤害或财产损失，消费者当然可以要求赔偿。但是生活中往往有一些复杂情况，让我们依据常识并不是很好判断。比如，以下各种情况，您可以思考我的问题：

1. 购物的赠品给消费者造成损害，可以要求赔偿吗？

2. 商场免费向顾客分发的小礼品给顾客造成损害，可以要求赔偿吗？

3. 商品给到消费者家里做客的客人造成损害，可以要求赔偿吗？

4. 消费者将购买的商品送给他人，给他人造成损害，可以要求赔偿吗？

5. 购买的商品遗失后被他人捡走，给拾得人造成损害，可以要求赔偿吗？

6. 购买的商品被他人偷走，给小偷造成损害，可以要求赔偿吗？

7. 小偷从商店偷走商品，使用中受到损害，可以要求赔偿吗？

也许越到后面的问题，越让人感觉拿不准。其实，所有的答案都是肯定的。厂家要对他们生产的产品负责，只要他们向市场输送的产品质量不合格导致他人受伤受损，那么就要承担责任，并不区分产品是消费者花钱购买的商品还是免费获得的赠品，也不区分受损的是消费者、其他合法使用人还是遗失商品拾得人，抑或是小偷。对于拾得他人物品或偷他人物品的行为，可以通过民法、治安管理处罚条例、刑法来处理，但这并不影响他们作为商品使用者应该享有的人身财产安全保障的权利。

所以，只要使用某个已经面世的产品受到了损害，都可以主张赔偿。这里强调"面世"，是排除那些还没有正式上市的产品。因为没有正式上市的产品，并不会对广大消费者造成影响。但却依然可能对他人造成损害，如生产商将即将上市的产品拿给一部分人试用，或者小偷在厂房里偷了还没有生产完毕的半成品等。这些情况就要通过其他法律进行调整，个案认定是否需要赔偿，而不适用国家对消费者进行保护的相关规定。

向谁主张赔偿

消费者在购买、使用商品时合法权益受到损害，以及其他受害人（如小偷、拾得人）因为商品缺陷受到人身、财产损害，均既可以要求销售者赔偿，又可以要求厂家赔偿。销售者或者厂家不能以"是他人的责任与自己无关"为借口逃避赔偿。

消费者在接受服务时受到损害，可以要求服务者赔偿。

举例说明：

张三在百货商场某专柜买的水壶漏电，导致张三受伤。张三可以向该专柜要求赔偿，也可以向水壶包装上写着的生产水壶的那个公司要求赔偿。就算是厂家的责任，专柜销售员完全不知道这个水壶有问题，如果张三要求专柜赔偿，专柜也必须进行赔偿。当然专柜在赔偿之后可以找厂家追偿，但是这个与消费者并无关系，消费者无须去考虑谁的责任，只需要考虑找谁赔偿比较方便快捷即可。

一般情况下，大公司产品出问题，消费者找销售者或者生产厂家都很便捷；但是小商品出了问题，消费者去找厂家一般会比较麻烦，因为厂家未必在当地。这时消费者就可以直接去找销售者主张赔偿。

赔偿金如何计算？

找到了赔偿的人，那么要让他赔多少呢？根据损害的类型和造成损害原因，法律规定了不同的赔偿标准。

1. 经营者提供商品或服务造成人身伤害的，应赔偿医疗费、护理费、误工费、交通费等为治疗和康复支出的合理费用。

造成残疾的还要赔偿残疾生活辅助用具费和残疾赔偿金。造成死亡的，还应赔偿丧葬费和死亡赔偿金。经营者明知商品或服务存在缺陷，仍向消费者提供，造成消费者死亡或健康严重受损的，受害者在要求赔偿之后，还可以要求所受损失2倍以下的惩罚性赔偿。

2. 经营者提供商品或服务造成财产损害的，应承担修理、重做、更换、退货、补足、赔偿损失等责任。

3. 经营者提供商品或服务有欺诈行为的，应在赔偿消费者损失的基础之上，向消费者支付价款3倍的赔偿金。3倍仍不足500元的，按500元支付。

4. 生产不符合食品安全标准食品的，销售明知是不符合食品安全标准食品的，应在赔偿消费者损失的基础之上，向消费者支付价款10倍的赔偿金。

要提请大家注意的是"10倍赔偿"仅存在于食品领域，并且销售者的赔偿前提是"明知"。在实践中如何判断销售者是否"明知"，要进行综合考虑。比如，看销售者是否通过正规渠道进货、有无履行查验义务、销售的食品是否过期变质、有无擅自更改食品保质期或生产日期、有无销售国家明令禁止销售或命令下架的食品等。而生产者的赔偿则不考虑其主观上是否"明知"，只要生产的食品被证明不符合安全标准，那么生产者就面临着10倍赔偿的惩罚。

现在我们看开篇的案例。

电热水壶漏电，属于商品缺陷。虽然是赠品，但消费者李雷仍然可以主张赔偿。既可以向商家要求赔偿，又可以向该品牌生产商主张赔偿。李雷住院期间花费的3577元医药费、住院费都在赔偿范围之内。商家应该按照李雷的要求对他进行赔偿。

十年律师说法

公民维权 第22计

1. 购物要保留小票、发票，这是日后维权的重要凭证。消费者索要发票等购物凭证或服务单据的，经营者必须出具。但是有很多人对一些日常消费没有索要和保留小票、发票的习惯，觉得麻烦。这样一来，出现纠纷时很难证明消费行为。所以建议大家购物要索要小票、发票，并且在商品还没使用完、食物还没吃完之前予以保留。

如果没有保留或已经遗失，商品出现质量问题造成了损失，消费者可以去找销售者协商。在协商过程中，如果销售者默认了该商品是从他店里购买的，消费者可以通过录音录像等方式获取证据。如果销售者拒绝承认，购买时间短的，消费者可以要求销售者调取店里监控视频，或找其他证人证明；购买时间已长，难以找到视频监控或其他证人的，销售者还可以直接按照商品包装上的生产商信息，找生产商进行赔偿。

2. 商品造成损害，消费者应该尽快要求赔偿。一方面，证明商品有质量问题可能需要质检部门进行鉴定，有一些商品需要尽快鉴定，特别是食品要在保质期内鉴定。超期可能会导致无法鉴定。另一方面，法律上规定了 2 年的诉讼时效，即消费者应从知道或应当知道损害发生之日起 2 年内主张赔偿。超过 2 年诉讼时效，就可能会败诉。

3. 商品是否有质量问题，涉及鉴定问题。商品鉴定由质监局（12365）负责。不过质监局不接受个人提出的针对已经用过的物品的质量检验申请。如果需要对消费者所购商品（一般都是用过的）做质检，消费者要通过消协或者司法部门（仲裁、法院）进行申请。

4. 商品给自己造成损害，要及时取证。造成了哪些损害要拍照，损害金额大小也要提供受损物品的维修发票或购买发票等进行证明。

如果伤害到身体，要保留就医缴费单，还可以提供就诊记录、住院证明、用药情况、病假单、单位出具的误工证明、车船票等交通费的证明等，还可以主张精神损害赔偿。

5. 遇到食品有问题吃坏了肚子，店家一般都不会承认是自己食品的问题。但消费者可以提供医院出具的诊断证明，向店家主张"偷一罚十"。有的吃饭没有要发票，店家不承认，消费者又没证据证明，只好自认倒霉。但是消费者其实还可以换一种维权方法，选择向政府热线（12345）、消费者投诉举报热线（12315）或向工商局举报店家生产不符合安全标准的食品，交由相关行政部门去处理。

二十三、格式条款与霸王条款

案例

　　韩梅梅将婚纱送到某干洗店干洗，干洗店接收了婚纱，收取了干洗费 40 元，并向韩提供了取货单，告知其 7 日后来取。7 日之后，韩取回婚纱，回家后发现蕾丝部分多处被洗坏，出现破洞。于是返回干洗店要求赔偿。店员拿出取货单，向韩指出取货单背面印有《顾客须知》，上面已经写明"请于取货时当场验货，签收以后洗衣店对衣物问题概不负责"。店员以韩已经在取货单上签了字，但仍没有当场验货为由，拒绝赔偿。韩投诉至消费者协会，在消协主持下双方和解，干洗店对韩赔偿 200 元。

　　消费者向商家购买商品或服务，其实是合同行为。虽然并不是每一笔消费都需要消费者和商家坐下来协商、签字，但消费者的支付行为、商家提供商品或服务的行为都已经构成了对"买卖合同"或"服务合同"的认可和履行。

　　有一些商家会在交易时拿出购买单或其他书面文件给向

消费者签字，消费者一般看都不看就直接签了名字，殊不知这份文件里往往有商家埋下的"雷区"。还有一种类似情况，商家直接在经营场所贴出告示，要求消费者遵守其规定，如"偷一罚十""丢失财物概不负责"。这些商家单方提供的合同，或商家以告示、通知、声明等形式进行的单方规定，都是"一面之词"。它们是否有效呢？本计我们就来学习格式条款与霸王条款的相关规定。

什么是格式条款、霸王条款

商家交易量大，为了提高交易效率，会预先拟好合同（根据商家提供的商品或服务类别不同，可能是商品买卖合同、服务合同、保险合同、保管合同等）。合同中的各个条款都是商家预先设定，并且没有与消费者进行充分协商的。这些条款就叫作格式条款。

当消费者需要购买商品或服务时，商家直接将合同拿给消费者签。商家这种行为是没有问题的，的确可以将交易过程简化、缩短，促进快捷便利交易，这也是社会化大生产的必然要求。如果跟每一个客人都要一条条协商条款、订立合同，肯定会导致效率低下、过程烦琐。所以，法律允许，也鼓励商家使用格式条款。

但问题在于，个别商家会利用预先拟定合同款项的优势，在合同中使用一些"损人利己"的格式条款，这就是我们所说的"霸王条款"。可以简单理解为霸王条款就是那些"坏的"

格式条款。霸王条款由于极大地损害了消费者的利益而被法律禁止。

条款的效力及认定

　　遵循合法、公平原则确定双方权利义务的格式条款是有效的，而霸王条款则是无效的。

　　那么如何确认哪些格式条款属于霸王条款呢？认定霸王条款有 3 个标准：排除或限制消费者权利的；减轻或免除经营者责任的；加重消费者责任的。

　　排除或限制消费者权利，主要是指侵犯消费者法定权利及消费者作为合同相对人所应享有的合法权利。消费者法定权利包括人身、财产安全权、知情权、自主选择权、公平交易权、求偿权、享受"三包"的权利、依法退货的权利、在受到侵害时向消费者协会或国家行政机关求助、检举控告的权利等。消费者作为合同相对人，又享有依法变更、解除合同的权利；在商家违约时请求支付违约金的权利等。商家想进行限制或剥夺是无效的。

　　减轻或免除经营者责任，主要是指商家弱化经营者法定义务或不承担、少承担经营者责任。经营者义务包括诚信经营、保证商品或服务质量、保障消费者人身财产安全、不作虚假宣传、明码标价、提供发票等凭证或单据、产品"三包"等。而经营者责任则是指经营者在没有履行法定义务，或侵害了消费者法定权利时所导致的赔偿责任。主要包括商品、服务或经营场所致消费者人身、财产损害的赔偿责任，以及因违约应当承担的违约责任等。这些都不能通过格式条款来豁免。

加重消费者责任，主要是指通过格式条款让消费者承担不公平、不合理的义务。比如，违约金或者损害赔偿金超过法定数额或者合理数额；承担本应由商家承担的经营风险；承担依法不应该由消费者承担的责任等。

如果合同中出现以上霸王条款，交易合同有效但该条款无效，即使消费者在合同上签了字，也不能认为消费者对这些条款是认可的。当发生纠纷时，消费者可以直接主张该条格式条款属于霸王条款，应当无效。

我们前面提及的，与霸王条款类似的商家以告示、通知、声明等形式进行的单方规定，如果属于排除或限制消费者权利、减轻或免除经营者责任、加重消费者责任等对消费者不公平、不合理的规定，一样是无效的。比如，商家对消费者"偷一罚十"，从民法和治安管理处罚条例上来看，都没有依据。商家没有权力对消费者进行处罚，只能通过报警由公安机关对偷盗行为进行依法处理。再如，"丢失财物概不负责"，是商家在逃避经营场所内对消费者的安全保障义务，自然是无效的，如果顾客丢失财物，商家有过错的依然应当承担责任。

格式条款中，商家的提请注意及说明义务

商家应当以显著方式提请消费者注意商品或服务的质量、数量、价款或费用、履行期限、履行方式、安全注意事项及

风险警示、售后服务、民事责任等与消费者有重大利益关系的格式条款，并按照消费者的要求进行说明。

显著方式包括在合同中将相关条款采用特殊化处理（如字体加粗加大、圈出关键词等），使相关内容一目了然；或由商家进行特别介绍和提醒，向消费者阐明相关内容以及含义等。总之要确保消费者对这些条款已经明了。

在实践中，商家一般都会在交易前向消费者介绍商品或服务的质量及售后服务，在交易时双方也会对商品或服务的数量或次数、价款或费用、履行期限、履行方式等达成一致。但是至于商品或服务的安全注意事项、风险警示以及民事责任等敏感问题，就不是每个商家都会主动向消费者阐明，甚至有故意隐瞒的情况。如果商家只是将相关信息以格式条款的形式写在合同中，并没有提请消费者注意，没有向消费者进行特殊说明，那么可以认定该格式条款对消费者不产生效力。

格式条款有歧义时的处理

对格式条款的理解出现歧义，应当按照通常的理解解释；有两种以上解释的，应作出不利于商家一方的解释；如果合同中既有格式条款又有非格式条款，相冲突时以非格式条款的内容为准。

举例说明：

张三购买一个沙发，商家的合同中约定"送货上门"，对"门"的理解，按照通常的理解就是张三住宅的"房门"，而不是小区的"大门"。再如，张三在某美容院连锁店的总店购买了会员卡，卡片上写"请在会员店使用"，张三对这句话的理解是可以到任何一家连锁店使用，而美容院认为应该是到开卡的会员店使用。此时应采取不利于商家一方的解释——张三可以在任何一家连锁店使用。如果张三办卡时和美容院签了合同，里面的格式条款写着双休日不能使用，但合同中又用笔手写了一条补充条款"每周一至周六可以使用"，那么则以手写的内容为准，张三每周一至周六都可以使用此卡。

现在我们回顾开篇案例。

洗衣店的取货单背后印的《顾客须知》中写着"请于取货时当场验货，签收以后洗衣店对衣物问题概不负责"，这一条规定在性质上属于"加重消费者责任"的霸王条款，虽然韩在取货单上签了字，但仍然无效的。

那么有人会说，韩已经将婚纱拿走，如果是韩自己拿回去以后将婚纱弄破，再来找干洗店赔偿怎么办？这不是对干洗店不公平吗？

其实不然。我们说干洗店的"概不负责"无效，仍应该对损坏婚纱负责，这一前提是干洗店确实有损坏婚纱的行为。法律讲求"谁主张、谁举证"，如果韩主张是干洗店弄坏了婚纱，那么就要由韩进行证明。如果韩无法证明，那么只能责任自负。

只有韩有证据证明确实婚纱是被干洗店弄坏的，才能找干洗店进行赔偿。

年律师说法

公民维权第23计

1. 在消费时，建议阅读商家提供的合同内容，对不满意的格式条款可以提出意见，与商家协商修改。不要嫌麻烦，也不要认为商家的合同是无法更改的。

如果有明显侵犯消费者权益的条款，且商家以公司规定或行业惯例为由拒绝修改，消费者在找不到更好商家替换时，依然可以签合同。因为一旦出现纠纷，消费者仍可以主张该格式条款属于霸王条款而无效。

2. 饭店"谢绝自带酒水"、包房设置"最低消费"等都属于商家单方设置的不合理规定，侵犯了消费者的自主选择权；商店的"非买勿动"告示以及搭售行为也侵犯了消费者在购买商品时进行比较、鉴别和挑选的权利以及自主选择权。还有很多类似的商家行为，由于已经司空见惯，消费者往往没意识到自己的权利受到侵害。以后如果遇到这一类情况，消费者应该捍卫自己的权利，向消协投诉举报。

3. "当面清点（验货），离柜概不负责"这样的标语到处都是，商家一般也会提醒消费者当面验货或点钱。我们通过上面的学习已经知道这一类标语由于加重消费者责任、免除商家责任，被认定为霸王条款，无效。但要搞明白，无效的结果是商家仍应该对其过错负责，而并不是商家要无条件赔偿。想要商家赔偿的前提，仍是证明商家有责任。但是在实践中，离柜之后钱不对数或商品有损，证明是商家责任确实很难。所以，各位消费者还是要养成当面清点、当面验货的习惯，避免不必要的损失。

二十四、退货与"三包"

案例

　　韩梅梅在商店给李雷买了2条牛仔裤做礼物，结果李雷对裤子款式并不满意。于是李雷和韩梅梅当天晚上回到商店要求退货。商店不同意退货。韩梅梅觉得很生气，裤子买到手还不到12小时，连吊牌都没有摘，只是试穿了一下，为什么就不能"包退"？那"三包"承诺有什么用？于是与商店发生争吵。后来经过协商，商店同意为李雷更换两条相同价位的其他款式的牛仔裤。

　　生活中我们经常遇见买完东西却想退货的情况，商家要是同意给退当然好，但很多情况下商家是不同意的。那么，我们到底有没有权利要求商家退货？我们耳熟能详的"三包"又是如何规定的呢？本计我们来学习关于"退货"与"三包"的法律规定。

购物后消费者是否有权要求退货

法律规定了消费者有权要求退货的法定情况，符合条件的消费者有权要求商家必须予以退货；

不符合法定情况的，消费者可以与商家协商，双方达成一致的情况下消费者也可以退货；

如果消费者在购物之前与商家达成可退货协议，则消费者可以凭借商家承诺要求其退货。

消费者有权要求退货的法定情形

1. 在消费者与商家并没有特殊约定的情况下，符合以下情况时，消费者可以要求商家退货：

商品不符合质量要求，消费者可以在收到商品的次日起 7 天内要求退货。

不符合质量要求，既包括严重性能故障，又包括质量瑕疵。只要消费者购买的商品质量与商品宣传的质量情况不相符，就可以认为其不符合质量要求。那么消费者在收到商品的次日起算，7 天之内都可以要求商家退货。当然，消费者也可以根据其个人需求，选择换货或修理。

2. 网购、电视电话购物、邮购等方式销售的商品，消费者保证商品完好的前提下，在 7 天内可以"无理由退货"。

但是，定制的商品、鲜活易腐商品、在线下载商品、拆封的数字化商品、交付的报纸期刊，以及其他根据商品性质并经消费者在购物时确认不适宜退货的商品，不适用"7 天无理由退货"。

注意，有一些网店在消费者购物时就声明不支持"7 天无理由退货"。但商家的个人声明并不能与法律规定相抵触。如果商家的商品从性质上看并没有不适宜退货的特质，那么即使其已经作出声明，仍不能以此来躲避"7 天无理由退货"义务。消费者仍然可以依据法律规定要求退货。

再者，消费者要保证商品完好。虽然法律没有作出明确规定，但是实践中一般认为"商品完好"是指商品本身的完好，不包括包装的完好。所以商家不应以包装损坏或遗失为由拒绝退货。

3. 商品被有关行政部门认定为不合格商品的，消费者可以要求退货。

商品是否合格由质监局（热线 12365）鉴定。如果商品被认定为不合格，消费者可以依据商品质量检测报告，向商家主张退货。

4. 商品在"三包"有效期内符合换货情形时，消费者也可以要求退货，但是需要支付一定的折旧费（不同商品折旧费的计算标准不同）。如果是因为商家原因（如无相同型号相同规格商品等）导致无法换货，那么应该给消费者免费退货，消费者无须支付折旧费。

"三包"的相关规定

我们经常说到"三包"，大家也基本上都知道所谓"三包"就是"包退、包换、包修"。但是并不是人人都清楚这"三包"到底是什么含义。很多人就像开篇案例中的韩梅梅一样，认为"包退"就是"想退就退"，"包换"就是"想换就换"，"包修"就是"坏了就修"。但是其实法律上对"三包"是有所限制的。下面，我们一起来看法律对"三包"有哪些规定：

1. "包退"是指商品自消费者收到之日起7天内，不符合质量要求，消费者可以选择退货、换货或修理。

2. "包换"是指商品自消费者收到之日起8～15天内，不符合质量要求，消费者可以选择换货或修理。

3. "包修"是指商品在"三包"有效期内出现故障，可以得到免费维修。修理者应当保证修理后的产品能够正常使用30天以上，否则算作未修好。

注意，"包修"不同于"保修"。"包修"是绝对免费的，而"保修"是在商品过了"包修"期之后，依然提供维修服务，是否收费要看商家的承诺。一般情况下，保修期内是免维修费的，但是可能要收取材料费、运输费等。

4. 在"三包"有效期内，商品经过2次维修后，商品依然不能正常使用的，消费者可以凭借维修记录和证明要求商家换货。

5. 在"三包"有效期内，因生产者未供应零配件导致消费者送修之日起超过90天未修好的，修理者应当在修理状况中注明，商家应免费为消费者换货。

6. 因修理者自身原因使修理期超过30天的，由修理者免费为消费者换货。

7. 出现以下情况不实行"三包"，但是可以收费修理：

① 消费者因使用、维护、保管不当造成损坏的；

② 非承担"三包"修理者拆动造成损坏的；

③ 无"三包"凭证及有效发票的；

④ "三包"凭证型号与修理产品型号不符或者涂改的；

⑤ 因不可抗拒力造成损坏的（如雷击、地震等）。

下面我们回顾开篇案例。

韩梅梅系在商店购买的牛仔裤，且牛仔裤本身不存在质量问题，商家不同意退货并不违法。国家服装"三包"规定中有一款规定"在购买后7天内，吊卡未剪、未穿过、未洗涤过的服装尺码不合适的可包换"，但是李雷不喜欢该款式，并不符合包换的条件。商店如果不同意给李雷更换款式其实也并不违法。很显然，这一纠纷的起因是韩、李两人对"包退"望文生义而造成了误解。

年律师说法

公民维权 第24计

1. "7天无理由退货"仅存在于网购等非现场购物中，而在实体店购物时，除非店家有所承诺，否则不能无理由退换货。在购物（尤其是替他人购物）时，可以在买单之前与商家针对能否退换货进行协商，并将商家的承诺写在购物单据上，以便于日后退换。

2. 买到商品要尽早使用，以便于尽早发现问题。有些人买回商品之后并没有立即使用，等开始使用时才发现商品存在质量问题，但这时已经超过 7 天包退期，只能选择换货或维修，或支付折旧费退货。折旧费是按天数计算的，商品没有实际使用的时间在计算折旧费时也要算入，如需换货转退货，应尽早办理，以减少折旧费支出。

3. 在购买商品时，要和商家明确商品保修期内维修是否收费，收费标准。

4. "三包"有效期内送修商品，一定要要求修理者提供维修单据，填写维修记录卡。一方面，可以证明送修日期和维修完成的日期，从而计算维修消耗时间、维修效果保持时间等；另一方面，做好维修情况记录，便于在符合条件的情况下进行退换货。

5. 在"三包"有效期内，商品出现问题要联系商家维修，不要嫌麻烦自行维修或送到非指定的修理处维修。这样一来商家可能会以消费者擅自拆动为由，不再提供"三包"服务。

6. 注意保管发票及"三包"卡、维修卡。这些都是商品享受退换货、免费维修服务的重要凭证。有一些消费者网购商品没有索要发票的习惯，这是不利于日后维权的。

不过，如果没有发票或者遗失发票，如果能提供其他可以证明购买时间的凭证一般也可以要求"三包"。比如，网购记录以及手机等产品的序列号等。

7. 国家对不同种类商品的"三包"规定有所不同，当消费者所购商品需要"三包"服务时，应该上网查询国家对之是否有专门的规定，对照相关规定维护自己的权益。

8.商品在"三包"有效期内送修，维修时间超过一定期限的，商家应该提供替代品或进行一定补偿。比如，手机是7天、车辆是5天等。具体规定也是因物而异，消费者可以自己对照相关规定主张权益。

二十五、遭遇虚假广告怎么办

案例

　　某减肥药在电视上做广告，称吃一个月可减肥 5 公斤。李雷于是买来吃，结果刚刚吃完 2 小时出现腹泻。李雷停药 2 日后继续服用，结果再次上吐下泻，到医院进行治疗。医生诊断结果认定李雷的腹泻系服用了该减肥药所致。李雷打算向厂家要求赔偿，于是拨打药盒上印的厂家电话，结果是空号；打电话到当地的 114 查询该生产商公司电话也未果。于是李雷咨询播放广告的电视台，电视台以"不清楚"答复。无奈之下，李雷起诉该电视台，要求电视台承担赔偿责任。

　　电视机里每天都在不停地播放各式各样的广告，宣传五花八门的商品。这些商品真的像广告宣传的那么神乎其神吗？不尽然。广告允许艺术夸张，但是不允许欺骗。一些商家利用广告进行虚假宣传，误导消费者。消费者购买了商品后才发现上了当。那么什么样的广告是虚假广告？如何区分广告是虚假宣传还是艺术夸张？面对虚假广告消费者应该怎么办？我们一起来学习。

什么样的广告是虚假广告?

商家以广告形式表明产品质量状况的，应当保证其产品的实际质量与表明的质量状况相符。如不相符，则认定该广告是虚假广告。

如果商家在广告里并没有明示产品质量或其他重要产品信息，但用了容易引起消费者误解的宣传手法，使消费者对其产品产生了错误联想，从而决定购买，但其产品的真实状况与消费者联想的内容并不相符，这一类广告也被认定为虚假广告。

举两个例子，第一种虚假广告如商家在广告中说其产品达到了国家质量标准，但其实并未达到。这是很明显的不相符，很容易分辨。第二种虚假广告如头发稀少的模特用了商家的洗发水马上就变得头发浓密，但实际上商家的洗发水并不具有生发功能。这一类广告是否属于虚假广告很容易产生争议，商家往往以"艺术夸张"为由躲避掉责任。所以第二类虚假广告也是最多的。

区分虚假宣传与艺术夸张

是虚假还是夸张有时候确实很难定性，但是有两个标准可以参考。一个标准是，产品是否真的达到了广告中所承诺的性能、功效、标准等；另一个标准是，广告是否使消费者对产品性能或其他重要信息产生误解，并且这个误解足以影响消费者的购买决定。

举例说明第一个标准。

某个商家卖台灯，广告中说他们的台灯是护眼灯，可以预防青少年近视。结果消费者买回去后，小孩用来学习还是近视了。于是拿去鉴定，鉴定结果是该台灯根本没有护眼功能。那么这就是不符合其所承诺性能的虚假广告。再如，佳洁士双效炫白牙膏广告声称可以使牙齿1天变白，结果消费者使用1天后并没有达到变白的效果。那么这也是不符合其所承诺功效的虚假广告。

举例说明第二个标准。

之前轰动一时的加多宝凉茶广告语是"全国销量领先的红罐凉茶改名为加多宝"，就造成公众的误解，以为王老吉改名了。其实两者是不同的厂家生产的不同产品。这就是引人误解的广告，而且这个误解将影响消费者的购买。再如，某饮料公司广告中宣称其饮料是"最好喝"的饮料。这个表述明显有误导性。是不是最好喝因人而异，每个人的喜好也不可能相同。"最佳"之类的表述是没有合理依据的。

广告的艺术夸张是以真实性为基础和保障的，是将产品的性能、功效用戏剧性的方式表现出来。消费者会理解广告想要表达的内容，但是并不会被广告误导。举个例子，士力架巧克力的广告中一个柔弱的女子在足球场上踢球，结果吃了一口士力架立刻变回一个强壮的小伙。消费者看后都会理解广告的意图就是说明士力架巧克力可以迅速补充体力给人能量，没有人会认为士力架巧克力可以迅速让女人变成男人。这样的广告的确运用了夸张手法来表明该巧克力的饱腹功效，但不会给消费者造成任何误导，所以是艺术夸张，而并非虚假广告。

面对虚假广告如何维权

消费者上了虚假广告的当，自然十分懊恼。但是大多数人都选择当作"花钱买个教训"，而没有主张自己的权利。其实，商家用虚假的广告销售商品的行为已经构成"欺诈"，而按照《消费者保护法》，商家有欺诈行为的应该"退1罚3"，也就是说，在赔偿消费者损失之后，还应该向消费者支付产品价款3倍的补充赔偿。如果价款3倍不足500元的，应支付500元。

商家利用虚假广告宣传有错，广告公司等广告经营者和电视台、广播电台、报刊社、网络平台等广告发布者的责任也不能豁免。消费者可以请求行政机关对广告经营者及发布者进行惩处。如果广告经营者、发布者不能提供商家的真实名称、地址和有效联系方式的，应当由其承担对消费者损失的赔偿责任。

如果虚假广告中宣传的产品关系到消费者的生命健康，

那么无论广告经营者、发布者是否能提供商家信息，都需要与商家对消费者的损失承担连带责任。同时承担连带责任的还有在广告中向消费者推荐该产品的社会团体以及个人等。

明星在广告中为产品做代言很常见，消费者常常会基于对明星的信任或喜欢而购买产品。所以，当消费者购买明星代言的有关消费者生命健康的产品（如食品、药品、化妆品、保健品等）而受到损失时，可以向明星主张赔偿。

消费者还可以向工商局等国家机关举报虚假广告。相关部门会进行调查，如果发现商家确实存在虚假宣传行为，将对之进行处罚——轻则责令改正、警告、没收违法所得、罚款；重则责令停业整顿、吊销营业执照。如果虚假广告造成了严重后果，还有可能构成虚假广告罪，商家、广告经营者、发布者等相关责任人可能面临刑事处罚。

现在我们回顾开篇案例。

李雷在电视上看到的减肥药明显是虚假广告，造成李雷上吐下泻身体健康受损。李雷可以要求商家赔偿。由于减肥药是关系到消费者生命健康的产品，电视台作为广告的发布者，应该与商家一同对消费者的损失承担连带赔偿责任。所以李雷可以找电视台承担赔偿责任。由于商家是以"虚假广告"的欺诈手段销售产品，所以对李雷的损失应该"退1罚3"，应该退回李雷购买减肥药的钱，赔偿李雷就医治病的钱，同时支付李雷购买减肥药价款的3倍作为额外赔偿。

年律师说法

公民维权 第 25 计

1. 高价买到的商品根本就没有宣传的效果，可以向省级以上质量技术监督行政部门指定的鉴定组织单位申请质量鉴定。如果鉴定的结果与其宣传的效果不符，则可以以商家"虚假宣传"为由主张"退 1 罚 3"。

2. 网络广告铺天盖地，由于缺乏有效监管，目前可以说鱼龙混杂。有一些网络广告的商家、广告商连合法的资质都没有，利用网络监管漏洞大面积进行虚假宣传。由于网络活动的特殊性，此类违法行为常常难以取证、难以找到责任人、难以索赔。所以，建议广大消费者不要盲目相信网络广告，应该在消费之前擦亮双眼进行甄别，避免损失。

第五章

刑事领域

二十六、微信转发黄色视频——传播淫秽物品罪

案例

李雷毕业后没有找到工作，他在微信里看到很多好友在朋友圈卖东西，貌似很赚钱，于是也做起了"微商"。由于好友较少业绩不好，李雷便想了一个歪法子——建微信群每天免费给群友发送黄色视频，以此吸引人气。果然这招十分奏效，群友不断拉来新人，李雷的微信好友数量激增，业务量也随之增加。尝到甜头的李雷每天更加"勤奋"地向群友发送黄色视频。后李雷被举报，最终被判以"传播淫秽物品罪"，获刑 6 个月。

QQ、微信、微博、各种论坛等社交软件和网络平台已经成为现代人娱乐生活的一部分，使用率极高。我们每天的使用中也都会或多或少接收到一些色情内容。也许在这个信息铺天盖地的时代，大家对这些色情信息早已司空见惯不以为意，甚至有的人还会觉得好玩儿进行转发。这里要提醒大家，

转发色情信息当心犯罪！

前一阵"北京三里屯优衣库不雅视频"事件闹得沸沸扬扬，北京警察迅速介入调查。很多人不明白这明明是男女主角你情我愿的事怎么就犯了法，还出动了警察。其实，问题不在于两个人在试衣间发生"私密行为"，而在于男方将此视频发布到微博上，被迅速传播，在全国范围内产生了巨大的不良影响。我国法律并不禁止男女对性行为进行自拍，但是记录男女性行为的视频文件毫无疑问属于淫秽物品。该男子将视频文件上传至网络，已经构成"传播"行为。警察将男子刑拘，正是因为其涉嫌"传播淫秽物品罪"。

很多人并不了解此罪，在看到色情信息时，只是觉得好玩儿，或者抱着炫耀心理，在电脑、手机中的社交软件或网络平台中进行转发，却在不知不觉中触犯了法律，当被追究刑事责任时才傻了眼，懊悔不已。那么，什么是"传播淫秽物品罪"呢？我们来了解一下法律的规定。

淫秽物品是指具体描绘性行为或者露骨宣扬色情的实物或电子信息。实物包括书刊杂志、光碟、图册画报、录像带等，电子信息包括视频文件、音频文件、电子刊物、文档、图片等。随着互联网的发展，现在越来越多的淫秽物品是以电子信息的形式出现，并通过网络进行传播。

"传播"的对象要求是"社会公众"，而个人收藏或仅在亲友之间互相发送，一般情况不以犯罪处理。我们看开篇案例，李雷如果只是在自己的微信好友之间传送黄色视频文件（除非有其他严重情节），是不会被追究刑事责任的。但李雷是建立开放式的微信群，由群友不断拉新人进群。这样一来，李雷相当于将黄色视频文件发送给不特定的社会公众，于是构成"传播"行为。再来看"优衣库"事件，如果录制视频的男子仅将视频个人保存，是无可厚非的；如果他将视频发送给自己的好友，最多也只会对他进行道德谴责；但是他错在将视频上传到微博这一公开平台，相当于将视频向不特定的社会公众公开播放，于是构成"传播"行为。

最后，是否构成犯罪，还有一个重要因素，就是看情节是否严重。司法解释对此给出了具体的量化标准，达到以下情况的，构成情节严重，要对行为人追究刑事责任：

1. 传播淫秽视频文件 40 个以上。

2. 传播淫秽音频文件 200 个以上。

3. 传播淫秽电子刊物、图片、文章、短信息 400 件以上。

4. 传播淫秽电子信息，实际被点击数达到 20000 次以上。

5. 以会员制方式传播淫秽电子信息，注册会员达 400 人以上。

6. 虽未达到 1～5 项标准，但同时符合两条行为并分别达到数量标准的一半。比如，张三传播了 25 条视频和 120 条音频。

7. 如果传播的是不满 14 周岁未成年的淫秽电子信息，那么以上 1～5 项的数量标准减半。比如，张三传播了 20 条幼女色情视频。

8. 建立主要用于传播淫秽电子信息的群组（QQ 群、微信群等），成员达 30 人以上的，对建群者、管理者和主要传播者追究刑事责任。

9. 造成严重后果的。

我们再次对照这一标准审视"优衣库"事件，虽然该男子仅传播一段视频，但该视频在网上被"疯传"，仅事发当天点击率就超过 1 亿，造成巨大影响，无疑属于"情节严重"。

公民维权 第 26 计

1. 从定罪标准来看，国家对传播淫秽物品行为的打击力度还是很大的。大家在使用网络时应注意规范自己的行为，切莫贪图一时之乐，酿成大错。

2. 向不满 18 周岁的未成年人传播淫秽物品从重处罚。无论是从道德还是从法律层面，都要避免向未成年人传播影响其身心健康的不良信息。

3. 有一个类似的罪名叫"传播淫秽物品牟利罪"，是指以牟利为目的传播淫秽物品。两者的区别就在于是否以牟利为目的。如果传播淫秽物品收取费用，那么就触犯了传播淫秽物品牟利罪。后者定罪标准更低（数量标准是"传播淫秽物品罪"的一半），且刑罚更重。传播淫秽物品罪最高被判处 2 年有期徒刑；而传播淫秽物品牟利罪则根据其犯案情节，最高可能获无期徒刑，并处罚金或没收财产。

如果朋友之间打趣娱乐发送色情信息，不要索要"报酬"，否则有可能会造成不必要的麻烦。

4.传播淫秽物品行为，即使不构成犯罪，也可能会因违反治安管理而受到行政处罚。所以，对色情信息尽量不要转发、传送。尤其在当今互联网十分发达，上传到网络上的东西可能瞬间就被他人点击、下载、围观，后果可能远远超出你的想象。

二十七、涉毒——毒品类犯罪

案例

　　李雷、韩梅梅、林涛三人是好友。一日，李邀请韩、林二人到自己家里吃饭。席间拿出一些"好东西"（后经证实是冰毒），问韩、林两人愿不愿意试试。韩拒绝，林没有表态。在李的一再怂恿下，林表示"试一下也无妨"。然后两人表示为了确保韩不会说出去，强迫韩一起吸食。第二日，韩到派出所报警。李、林二人被刑拘。

　　毒品在我国一直是一个"大问题"，虽然国家进行了广泛而深入的禁毒宣传，但是毒品仍然在暗涌蔓延。从近些年越来越多地爆出明星吸毒事件就可见一斑。但是，好多人并没有厘清毒品与犯罪的关系。尤其是看到一些明星在涉毒被抓后没过多久就被放出来了，就以为涉毒"关几天就出来了"，不算什么大事。其实不然。在这里要提醒大家，涉毒，你离犯罪就不远了！

我们先来大致了解一下我国法律对于一些常见的涉毒行为是如何规定的。给大家简单点来归纳一下：

1. 自己买毒品来吸，违法；

2. 免费给他人毒品，违法；

3. 卖给他人毒品，犯罪；

4. 介绍买卖毒品，犯罪；

5. 制造、走私、运输毒品，犯罪；

6. 持有少量毒品用于自己吸食，违法；

7. 持有大量（具体何为"大量"，不同种类毒品的立案标准不同，具体请参照《最高人民法院关于审理毒品犯罪案件适用法律若干问题的解释》）毒品，犯罪；

8. 引诱、教唆、欺骗、强迫别人吸毒，犯罪；

9. 给别人吸毒提供场所，犯罪。

之所以要区分违法行为与犯罪行为，一方面，是因为这两者性质有天壤之别。违法行为的社会危害性明显小于犯罪行为，社会对违法行为的宽容度也相对较高。而一旦犯罪，行为人就成了所谓的"有案底"的人，在其今后的生活、工作中可能会受到一些阻碍。例如，用人单位可以以职工犯罪为由开除掉他；有案底的人在找工作、办贷款、办签证等诸多问题上也可能面临更多的麻烦。

另一方面，两者所导致的后果也不同。违法行为将受到治安管理处罚，一般是行政拘留（15日以下）、罚款（3000以下）；犯罪行为将受到刑罚，根据不同的罪名、不同犯罪情节，行为人可能被判以管制、拘役、有期徒刑、无期徒刑、甚至死刑，并处罚金或没收财产。

现在我们已经对涉毒行为的定性有了一个大致了解，再一起来看开篇案例。李雷引诱林涛吸毒、李雷和林涛强迫韩梅梅吸毒、李雷在家里容留他人吸毒，这些都属于犯罪行为；而韩梅梅被迫吸毒，属于受害人，不能追究其吸毒行为的责任。我们再来回顾一下近几年的明星吸毒事件。可以看到，被爆出吸毒的高虎、张元、宁财神、柯震东等均受到行政拘留（基本上都是十几天）；被爆出容留他人吸毒的李代沫、张默、房祖名等则受到有期徒刑（基本上都是几个月）。最典型的莫过于柯震东和房祖名一起在房祖名的房子里吸毒，事发后柯被行政拘留，而房被刑拘；柯被处以 14 日拘留处罚，而房被判 6 个月有期徒刑。这正是因为房的行为是犯罪，而柯的行为只是违法。

另外，虽然个人吸毒不是犯罪，但这也并不意味着没有后果。按照我国《禁毒法》的规定，对吸毒人员可以有以下措施：

1. 予以治安管理处罚（拘留、罚款）；

2. 对成瘾者，可责令其接受社区戒毒，期限 3 年；

3. 对严重成瘾者，可直接对其强制隔离戒毒，期限 2 年（如果到期仍有需要，最多可延长至 3 年）；

年律师说法

公民维权 第27计

1. 毒品的危害不言而喻。请大家洁身自好，远离毒品。发现他人吸毒，皆可举报。

2. 涉毒犯罪的定罪，很多都是不论涉案毒品数量，也不论是否牟利的。就是说只要有涉毒行为就构成犯罪。比如，贩卖、制造、走私、运输毒品，哪怕只有一点点，或并没有牟利(如原价转卖毒品、制造毒品送人吸食、免费运输毒品等)，都一样构成犯罪。

3. 涉毒犯罪如何量刑，主要看涉案毒品的数量，并不以纯度折算。不要以为低纯度毒品就更"安全"。

4. 吸毒人员主动到公安机关登记或到有资质的医疗机构接受戒毒治疗的，不予处罚。"毒"海无涯，回头是岸。

5. 在家里搞朋友聚会时，如果有人拿出毒品吸食，要及时制止。因为只要有人在你的家里吸毒，你就构成"容留"，就可能被追究刑事责任。

二十八、私闯民宅——非法侵入住宅罪

案例

李雷和韩梅梅是恋爱关系，2015年12月，双方因结婚彩礼问题达不成共识分手。但分手后李经常对韩进行骚扰，要求韩要么与自己和好，要么给自己2万元作为经济补偿。韩认为李是故意找碴儿，一直不予理睬。2016年7月，李喝了酒之后再次找到韩索要经济补偿未果，于当晚22时用其私自保留的韩居住的单身公寓的钥匙，进入韩公寓"闹事"。韩要求李立刻离开并归还钥匙。李不但不同意，还对韩进行殴打。韩情急之下报了警。

李对私闯韩公寓之事供认不讳，后被法院判处"非法侵入住宅罪"。

我们常常把"家"比作"避风港"，因为家是最能给人安全感和归属感的地方，一个人可以在家里完全得到放松和休息。各国都十分重视对公民住宅的保护，将住宅作为人权的延伸。

　　大家也许听说过 1992 年在美国发生的一宗案件。日本留学生去参加派对时误入他人住宅，住宅主人举起枪要求留学生立即离开。而留学生没有听懂，继续走向住宅主人。于是主人开了枪，留学生被当场击毙。最后这个住宅主人被无罪释放。这一案件体现了美国对公民住宅的至高保护。

　　在我国，公民住宅同样受到保护。《宪法》第 39 条"中华人民共和国公民的住宅不受侵犯。禁止非法搜查或非法侵入公民的住宅。"进行了原则性规定。同时，《刑法》中也规定了"非法侵入住宅罪"。但是，这一罪名的使用率并不高，很多人甚至并不知道它的存在。并不是非法侵入他人住宅的行为少，恰恰相反，非法侵入他人住宅的行为比比皆是，如上门讨债、上门"讨说法"，这些常见的行为都极易触犯法律红线。"上门"的人因为不知法而在不知不觉中犯了法，而被"上门"的人合法权益遭到了侵害却不自知，不懂得维护自己的正当权益。但是近几年，随着中国法治化进程的推进，"非法侵入住宅罪"这一罪名的使用率在上升。并非非法侵入住宅的行为在增加，而是国家对"非法侵入住宅"这一行为的处罚力度在增加，这直接体现了国家对公民人权的保护与日俱增，人民自我保护的法律意识也在进一步觉醒。

非法侵入住宅罪

　　宪法和刑法都规定了我国公民的住宅不受非法侵犯。

具体而言包括两个方面的内容：一是禁止非法闯入他人住宅；二是进入他人住宅后，如果他人要求其退出，必须立即退出。

第一种情况比较好理解，就是说没有主人的允许，不可以进入他人住宅。第二种情况是"拒不退出"，是指虽然在进入他人住宅时是合法的，但是当主人要求你离开时，你若拒不离开，也构成对主人住宅的侵犯。

举例说明：

张三邀请李四来家里吃饭，席间越聊越话不投机，最后双方吵了起来。于是张三要求李四离开，但是李四说"今天是你请我来的，请神容易送神难"，不但不离开还继续与张三争吵。这个时候李四的行为已经构成了对张三住宅的侵犯。

根据我国现有的法律，只要有以上两种行为之一，就构成此罪。但是现实中"侵入者"是否构成犯罪，往往有"个案考量"，也就是说公安机关对是否立案、检察机关对是否公诉、法院对是否定罪都会根据个案具体情况进行考虑、衡量。一般情况下，只有情节严重或造成较重后果的，才会以"非法侵入住宅罪"处罚。情节较轻的，可能对"侵入者"进行教育、警告或拘留、罚款等治安处罚。那么罪与非罪的界限在哪儿？是刑事犯罪还是治安违法？在衡量的过程中，要综合考虑案发原因、双方责任以及"侵入者"的主观恶性大小、作案手段、损害结果等，同时受害人的意见也会被纳入考虑。

由于目前没有具体司法解释，就没有一个统一的标准，但是一般来说，如果出现对住宅成员施暴，或恶意毁坏财物（如砸东西），或聚集多人侵入他人住宅，或进行羞辱谩骂给住宅成员造成精神伤害等，都可能被认定为"情节严重"。而"较重后果"如将住宅内的珍贵文物打碎造成巨额损失，或把家里的老人吓出心脏病住院等。

住　宅

说到"住宅"这一概念，现在房价很高，越来越多的人选择租房；还有一些个体户"商宅合一"，晚上直接住在门市店里；还有一些人每天晚上住在宾馆里，没有固定的居所；还有一些在工地打工的人，住在工地边上简陋搭建的帐篷里；还有一些流浪的人，在天桥下、桥洞里用棉被、报纸搭起自己每天睡觉的小空间。那么像这些租来的房子，用于居住的门市店、宾馆、工地帐篷、桥洞等，都属于"住宅"而被保护吗？

保护公民的住宅，是为了保护公民"家"的安全感和隐私性。在认定"住宅"这一概念时，一方面要考虑这一空间是否独立、私密，另一方面要考虑是否用作休息生活。如租来的房子、用于晚间休息生活的门市店，是满足这两点的。而宾馆、帐篷、桥洞，还有集体宿舍等，并不具有私密性，属于公众场所，本来就无法给人以足够的安全感和隐私性，故不应被认定为"住宅"。

公民维权 第 **28** 计

年律师说法

1. 警惕"上门讨债"行为。有的人以为欠债还钱天经地义，仗着自己是债主随意侵犯债务人的人身权利。殊不知自己的行为已经构成违法犯罪。要债虽有理，但手段要合法。到债务人家里去要债，如果债务人不开门，债主也只能吃"闭门羹"；即使开了门，一旦债务人"送客"，债主也得乖乖走人。

2. 勇敢对"不速之客"说不。一方面，住宅成员以外的任何人（不仅仅是陌生人，即使是熟人、男女朋友，甚至是亲属）未经允许都无权擅自进入你的住宅。另一方面，他人在任何时候，未经允许都无权擅自进入你的住宅。举个例子，你把别人打了，别人一怒之下叫来很多人找你报复。虽然是你有错在先，但是这也不是他们可以擅自闯入你家的理由。如果他们强行闯入你家，那就构成非法侵入住宅行为，甚至可能构成犯罪。

所以，要知道你对自己的住宅有极大地自主权，只要你不允许，法律不允许任何人、在任何时候非法入侵。当你的住宅受到侵害时，你可以立即报警请求保护。

3. 当他人侵入你的住宅时，可以正当防卫但不可超过必要限度（如他人强行闯入住宅争吵，房主一怒之下将人杀死）。最好的做法就是在保证自身安全不受伤害的基础上报警，一方面可以获得保护，另一方面报警记录、出警记录、询问笔录等都是十分有力的证据。另外，受害人可以对侵害者的加害行为（包括侵入住宅行为、拒不退出行为、施暴行为、损害财物行为等）拍照或摄像取证。

4. 是否构成非法侵入住宅罪，重要的考虑因素是看情节和后果。受到侵害时，要注意保留证据证明自己受到的伤害或损失。否则侵入人可能会因为"情节轻微"不被作为犯罪处理。

二十九、砸豪车——故意毁坏财物罪

案例

　　李雷和韩梅梅原系恋爱关系，后韩觉得李终日游手好闲、无所事事，没什么出息，向李提出分手。分手后没多久韩与李的好朋友林涛确立了恋爱关系。李得知后认为韩、林"暗度陈仓"，十分愤怒，多次堵截韩、林二人进行谩骂。一日李喝醉了酒，手持铁棍来到林家楼下，将林停靠在路边的奥迪车四块车窗以及前后挡风玻璃砸碎，并敲打车身造成该车多处严重凹陷。林随后报警，李因涉嫌"故意毁坏财物罪"被刑拘。

　　很多人并不知道"故意毁坏财物罪"，甚至会反问"弄坏东西都要定罪？不是赔偿就好了吗？"然而并不是这样。法律保护公民财产权，故意毁坏他人财物者可能构成刑事犯罪，行为人最高可能面临 7 年有期徒刑。一则很典型的案例就是歌手窦唯怒焚记者汽车被判刑。作为"摇滚明星"的窦唯显然不可能赔不起几千块钱。但是焚车事件已经不是"赔钱"

可以解决的。窦唯的行为已经触犯《刑法》，他也最终受到了法律的惩罚。

其实故意毁坏他人财物的行为在我们生活中并不少见，为了讨债的，发生矛盾纠纷为了泄愤的，眼红忌妒故意搞破坏的，各种形形色色的原因都有；也有一些人确实是受了委屈在先，为了报复才去砸别人东西。但是不论出于什么原因，都不应以违法的手段解决问题。

在深圳某小区曾发生这样一件事。

一大一小两个宠物狗打架，小狗的主人拿起菜刀将大狗砍伤。大狗主人报警后，警察将砍狗者拘留。砍狗者的家人对着记者痛哭流涕地说"没想到会这样，怎么打了狗就把人给拘留了呢？"从法律角度看，狗属于主人私有财产，砍狗行为毫无疑问属于对公民私有财产的损害。拘留砍狗者，是因为其涉嫌故意毁坏他人财物罪。

在江苏也出现过要债不成反成被告的事。债主到债务人家里要债未果，一怒之下把债务人家里砸了个稀巴烂。结果债主被判处故意毁坏财物罪，不但没要到债，反过来还要赔偿债务人经济损失。债主表示本来只是想给债务人制造点压力尽快收回债务，没想到居然"赔了夫人又折兵"。

很多人都和他们一样，因为不懂法，才在不知不觉中犯了罪。那么，我们就很有必要来了解一下法律对此是如何规定的。依据我国法律，故意毁坏公私财物的，符合以下条件之一的，追究其刑事责任：

　　1. 造成损失数额较大；

　　2. 毁坏公私财物 3 次以上；

　　3. 集结 3 人以上公然毁坏财物；

　　4. 有其他严重情节。

　　各地对"数额较大"的规定并不统一，最低 5000 元人民币即可构成"数额较大"。这意味着在有些省份或地区，砸坏别人一部 iphone 就可能会构成犯罪了。

　　现在我们来看开篇的案例。

　　李雷将林涛的奥迪车砸坏，窦唯将记者轿车焚烧，深圳男子将他人的宠物狗砍伤，江苏债主将债务人家里东西砸烂，这些行为均是故意毁坏他人财物行为。至于行为人能否构成犯罪，要看是否符合以上 4 个条件之一。

　　当然，司法机关在个案处理时仍要综合全面因素具体考量。虽然行为人达到了追诉的标准，但是如果犯罪情节轻微，当事人双方自愿"私了"，社会危害性不大，对其也可能不予追究刑事责任，而仅根据治安处罚条例对其予以行政处罚。但一般来说，如果行为人有造成较大额损失又未作出经济补偿，或态度恶劣无悔罪表现、无法取得受害人谅解等情况，或案件的社会影响极坏，行为人都可能会被追究刑事责任。

年律师说法

公民维权 第29计

无论出于什么原因，都不能肆意侵害他人的合法财产。法律不允许"以恶制恶"，法治社会要求公民通过合法手段维护自己的正当权益。否则就可能为"冲动"付出代价。

并不是说肯赔钱就可以随意砸别人的东西。举个极端一点的例子，某富豪带一行人将他人的车砸毁，并当场扔下20万元现金做补偿。即使受害人已经收下这20万元的补偿，依然有权报警要求追究该富豪刑事责任。

如果个人财产受到他人恶意损毁，要及时取证、报警，并提供证据证明所遭受的损失。即使加害人已经被追究刑事责任，受害人依然可以依据损失提出民事赔偿要求。

一旦涉嫌犯此罪，及时取得受害人谅解很重要。由于此罪多起源于民间纠纷，即所谓的"人民内部矛盾"，司法机关本着"宽严相济"的宽容政策，往往尊重受害人意见。如果加害人认罪态度良好，并积极做出补偿，取得受害人谅解，一般可以宽大处理。

三十、酒后乱性——强奸罪

案例

　　李雷和韩梅梅系网友关系。某天两个人相约出来吃夜宵。由于李刚刚失业心情不好，于是两人叫了1瓶白酒，边吃边喝到后半夜。韩不胜酒力喝醉，李于是送韩回家。到家后发现韩是一个人独居，便留宿下来，并与韩发生性关系。

　　第二天韩醒来发现和李睡在一起，十分愤怒，于是当着李的面报警。李表示不解，认为韩同意出来吃夜宵喝酒，并主动说要李送自己回家，这一切都构成性暗示，两个人都是单身，就算发生什么也是顺其自然的事。没想到韩却要"把事情搞大"。

　　最后，李被判以强奸罪。

　　为什么有的人酒后乱性成了情侣，有的人酒后乱性却成了罪犯？其实并非罪犯倒霉，酒后乱性这种行为本身是有巨大的刑事犯罪风险的。至于"终成眷属"的那些人，是因为早就心有灵犀，借着酒劲一点通。而如果两个人本没有成为男女朋友的意愿，喝了酒发生了"不该发生的事"，那男方就面临着被指控"强奸罪"的危险。

众所周知违背妇女意愿发生性行为构成强奸罪，可能有些人以为只有那些暴力奸淫妇女的行为才会被处罚。其实不然。设立强奸罪的目的，是保护妇女的性自主权不受侵犯。只要侵犯了妇女性自主权都要处罚，无论采取什么手段。通过暴力压制使妇女无法反抗，是最明显的犯罪方式。而通过威胁、恐吓等方式逼迫妇女就范、下迷药、趁妇女醉酒、酣睡之机奸淫妇女等方式，虽然没有明显的暴力，但只要违背妇女意愿，一样构成强奸。

酒后乱性案件中，如果女方已经烂醉，可以认定为没有意识，一旦女方报警基本上就可以认定男方强奸。如果女方尚未达到醉酒的程度，或者虽喝醉但并没有丧失反抗的能力，那么男方是否构成强奸，就要看有没有违背女方意愿。如女方已明确表示过拒绝，那么可以认定男方强奸。

但是由于当事人发生性行为一般都是在封闭的房间内，所以女方是否有表示过拒绝、女方是否确实已经丧失反抗能力、女方是否半推半欲拒还迎等关键性的问题很难说清，更难取证。即使女方当时确实表示过答应，但醒酒之后也有可能忘记并反悔，一口咬定自己是不同意的。那么男方就很难自证清白，这也正是酒后乱性最大的刑事风险所在。

年律师说法

公民维权 第30计

1. 避免与醉酒女性发生性关系，至少要保证女方是清醒的。一方面，是出于尊重女性，避免犯罪；另一方面，现实中确实存在男女酒后乱性之后，女方以报警相威胁多次向男方要钱的情况。

2. 男方以发生性行为时自己也喝醉了抗辩是无效的，醉酒的人犯罪依然要承担刑事责任。

3. 如果发生酒后乱性，一定要及时安抚女方情绪。做好解释、道歉，必要时提出经济补偿等善后工作。不要当作"你情我愿"的事，表示出不负责任的态度而激怒女方。要清楚一旦女方报警，自己可能就陷入刑事风险。

4. 如果已经因酒后乱性而涉嫌强奸，男方应该搜集事发前后的对自己有力的证据。比如，看双方的聊天记录中是否有女方同意发生性关系的相关言论或暗示；寻找两人共同出入的所有场所的视频监控，看是否有亲昵行为足以推断女方同意或默认愿意发生性关系；寻找证人或调取监控证明发生性关系之前，女方尚未完全喝醉或只是微醉仍能辨认自己的行为、未丧失反抗能力等。

5. 从女性的角度讲，首先是要注意保护自己，如果不是出于自愿，尽量避免给别人容易引起误会的性暗示，也要避免晚上单独与男性过量饮酒。一旦真的酒后面临被性侵犯，一定要明确拒绝，报警自保。

如果由于醉酒或其他原因无法报警，也要告知对方如果不停止侵害自己将会报警追究其刑事责任，吓退对方。如果对方仍继续实施侵害，自己要有肢体反抗行为（对方为制止反抗，极可能会用力压制，导致在女性肢体留下瘀青等证据）。如果双方是在宾馆等公共场所，可以呼救、砸东西，总之可以制造大声音，引起服务人员的注意，增加获救的可能。但是，要提醒广大女性，反抗性侵犯一定要在能保障自身生命安全的前提下进行。如果对方也喝醉了酒，情绪失控或行为暴烈，女性要注意避免激烈冲突给自己带来生命危险。

6. 当女性发现自己酒后被人性侵犯，要及时报警。不要着急离开，要在现场等待警察。衣服、床单等都有可能会成为认定事实的有力证据。同时可以要求做血液酒精含量检查和身体检查，加固自己醉酒以及曾与对方发生性关系的证据。

三十一、网络散布谣言——编造、故意传播虚假信息罪

案例

　　李雷是网络写手，为了增加自己文章的浏览数量，想出一个歪点子——用照片制作软件，合成一张男子杀害小孩子的图，画面十分血腥暴力。并配以文字，称"× 省有杀人狂魔出现专门虐杀 15 岁以下男童。"文章发出以后很快被大量转发，并引起 × 省公安部门重视，立即展开调查，后发现是无中生有。李雷随后被公安机关刑拘。

　　伴随互联网的发展，信息大爆炸，每个人都可以在网上发布信息。但是网络自由并非无限自由。如果有人故意在网上散布虚假信息，引起了社会恐慌，那他就可能要为自己的"恶作剧"付出沉重的代价，面临牢狱之灾。

　　我们每天通过电脑、手机接收到海量的信息，其中几真几假，哪怕有火眼金睛恐怕也不能完全辨别。是不是但凡制造、传播了假消息都要受到刑事处罚呢？我们每天在微信、微博

等社交软件转发的消息也有真有假，是否也都构成违法犯罪呢？本计为此作出分析关键点：

1. "虚假信息"种类特定，即虚假的险情、疫情、灾情、警情。比如，捏造某地将发生爆炸、火灾、重大传染病、地震等自然灾害、砍人事件等。

2. 明知是虚假信息而编写或传播。简单来说就是"知假而传假"。如果只是道听途说未经核实而进行编写，或者并不知道收到的信息虚假而进行转发的（如在微信、微博上看到信息，虽不知真假但抱着"宁可信其有"的态度进行转发），不构成此罪。

举个例子：

2011 年曾有人网传在重庆地区出现"针刺事件"，引起重庆人民恐慌。警察找到"始作俑者"，原来是某高校学生在与母亲通电话过程中听说老家出现疑似有人用毒针扎小孩儿事件，该学生未进行核实，随即发帖称"针刺事件已经闹到重庆"。后公安部门审查认为该同学发帖只是善意提醒大家，而并非故意编写虚假信息引起恐慌，于是没有对其进行刑事处罚。但鉴于其客观行为已经构成在网上散播谣言，且引起了一定程度的社会恐慌，确已违反治安管理，遂决定对其进行 3 天的治安拘留。

3. 造成严重扰乱社会秩序的后果。比如，造成了公共场所秩序混乱或紧急疏散；影响了大型交通工具（飞机、列车、船等）运行；导致了工厂、学校、医院、政府单位等停产、停课、停工；引起公安、消防、卫生部门采取紧急措施；造成村或社区范围内居民惶恐秩序严重混乱等。

现在我们来看开篇案例。

李雷编写虚假警情信息在网上进行传播，被大量转发（引起群众惶恐）并引起了公安部门立即进行调查，其行为显然已经构成编写、故意传播虚假信息罪，等待李雷的将是刑事处罚。

公民维权 第31计

1. 网络行为要自律，遵守法律和道德，不造谣、不传谣。在网上散布谣言，谎报险情、疫情、警情等，即使尚未构成犯罪，也已经违反了《治安管理处罚法》，需要承担行政责任（拘留或罚款）。

即使在网上编写、传播的是险情、疫情、灾情、警情以外的其他类型虚假信息，也有犯罪风险。比如，捏造不实消息侵犯他人名誉和人格尊严，可能构成侮辱罪、诽谤罪；虚构食品或商品有毒有害信息，可能构成损害商业信誉、商品声誉罪等。而且此类行为在民事上已经构成侵权，行为人还可能要承担侵权赔偿责任。

2. 编造虚假信息的人，无论是否亲自实施传播行为，只要其编造的虚假信息已经被传播散布，造成了严重扰乱社会秩序的后果，就要追究其刑事责任。

如果行为人编造虚假信息后，及时采取措施，有效防止了信息被传播，且没有扰乱社会秩序的，不作为犯罪处理。

所以，不要在网上随便编写虚假信息。网络的传播速度是惊人的，有时候行为造成的后果会远远超过人所能控制的范围。可能只是亲朋好友间的恶作剧，也有可能被迅速传播出去，而造成无法挽回的后果。

3. 此罪惩罚的是制作假消息，或明知是假消息而散布的行为。如果涉嫌此罪，要想办法证明自己编写、传播的"假消息"并非无中生有，提供现实依据，并表明自己是出于善意提醒亲友而进行编写、传播，并没有造社会恐慌的意图。

4. 网络时代信息铺天盖地。在浏览网络信息时，要理性思考，进行甄别，流言止于智者，不要不假思索地盲目转发网络信息，也不要被虚假信息蒙蔽而陷入不必要的恐慌。

三十二、打人——暴力类犯罪

案例

　　李雷和韩梅梅是情侣。一天韩在吃饭时被林涛搭讪，李得知后很生气，叫了3个兄弟在林单位门口将林打成重伤。事后李带兄弟们去喝酒庆祝，因为隔壁桌张三等3人也在喝酒比较吵，李和3个兄弟觉得对方没把自己"放在眼里"，于是向张三桌上扔了一个啤酒瓶，双方大打出手，李等人将张三等3人打成轻微伤。

　　几天后，李等人被刑拘。

　　打人违法，人尽皆知。但是总有人知法犯法，情绪上来做事不计后果。打伤人，解了气，但是等着他的就是法律的处罚。本计就来讲解打伤人可能构成的罪名。

故意伤害罪

　　故意伤害罪，是打人最常构成的罪名。把人打成重伤、轻伤的,构成此罪。受害人受伤程度是重伤、轻伤还是轻微伤,需经过法医部门鉴定。只要鉴定结果达到轻伤,打人者就可能被追究刑事责任。

这里给大家列举一些常见的构成轻伤的标准:颅骨骨折、眶骨骨折、一侧眼睑闭合不全、牙齿脱落、牙折 2 枚以上、颧骨骨折、单眼视力减退 0.3 以上、双眼视力减退 0.2 以上、肋骨骨折 2 处以上、锁骨骨折、肩胛骨骨折、胸骨骨折、外伤性难免流产、外伤性胎盘早剥、断了除拇指外的一个指节、轻度休克、轻度溺水等。

一般情况下,把人打成轻伤的处 3 年以下有期徒刑、拘役或管制;把人打成重伤的处 3 ~ 10 年有期徒刑;如果把人打死了,或手段特别残忍地把人打到重伤残疾的,处 7 年以上有期徒刑、无期徒刑或者死刑。具体到个案法官会如何判,要综合事发原因、被害人是否有过错、犯罪情节与后果、犯罪嫌疑人的认罪悔罪态度、有无可从轻或减轻处罚的法定因素、事后是否有积极补偿被害人、被害人是否表示谅解等诸多因素考量。

注意,故意伤害致人死亡的行为,要严格区分于故意杀人行为。区分的关键在于打人者的主观意图。如果单纯只想打人,却失手把人给打死了,则按照故意伤害致人死亡定罪处罚;如果本来就是想把人打死,或者明知自己可能会把人打死,却抱着"打死也无所谓"的态度放任结果发生,则定故意杀人罪。故意杀人的犯罪嫌疑人也往往会以"失手"作为借口,说自己并没有杀人的故意。虽然主观的东西是无法证明的，但是可以通过其客观的行为来推断他的主观意图。比如，犯罪嫌疑人手持利器重击受害人的头部致人死亡，正常人都能预见可能会把人打死，此时便可推断其具有杀人的故意，或对被害人死亡持放任态度，而定故意杀人罪。

寻衅滋事罪

如果打人者是出于寻求刺激、耍威风、故意欺负人、肆意挑衅而随意殴打他人，致 1 人以上轻伤或 2 人以上轻微伤，或有其他恶劣情节或严重后果的，定**寻衅滋事罪**。

其他恶劣情节如多次打人、持凶器打人、打老弱病残孕幼等；严重后果如致受害人精神失常、自杀，或造成恶劣社会影响、严重扰乱社会秩序等。

同样是打人，寻衅滋事与故意伤害区别就在于打人者的主观目的。前者出于故意滋事、蛮横耍赖、称王称霸、找碴挑衅；后者一般都有一定的前因后果。但是如果出于寻衅滋事而打人，把人打成了重伤或打死了，又或者在打人过程中心态转变成想打死人，那么按照惩罚更重的故意伤害（致人重伤或死亡）罪或故意杀人罪来处理。

寻衅滋事罪一般处以 5 年以下有期徒刑或拘役、管制，纠集他人滋事 3 次以上并且严重破坏社会秩序的，可判 5～10 年有期徒刑。个案如何判还要具体问题具体分析。

聚众斗殴罪

聚众斗殴即所谓的"打群架"。3 人成众，纠集 3 人以上斗殴就是"聚众斗殴"。且此罪并不要求把人打伤，只要有聚众斗殴行为即可构成本罪。

但此罪只处罚首要分子和积极参加者，不包括其他一般参与人。对首要分子和积极参加者判处 3 年以下有期徒刑或拘役、管制。如果 3 次以上聚众斗殴，或聚众人数多、规模大、社会影响恶劣，或在公共场所、交通要道聚众斗殴造成社会秩序严重混乱，或持械聚众斗殴的，对首要分子和积极参加者判处 3 ～ 10 年有期徒刑。如果聚众斗殴致人重伤、死亡，则按照处罚更重的故意伤害罪、故意杀人罪定罪处罚。

聚众斗殴罪容易与寻衅滋事罪混淆，在区别的时候，一是要看人数，未达到 3 人的不能定聚众斗殴罪；二是要看打斗是否有前因后果。如果是一方或双方没什么具体原因的故意滋事挑衅，一般按寻衅滋事罪处理；如果一方出于报复、一方或双方出于争霸等目的，有预谋地"约战"，则按照聚众斗殴罪处理。

此时我们回顾开篇案例。

李雷因为林涛搭讪自己女友，叫了 3 个兄弟去殴打林致其重伤，4 人构成故意伤害罪。李等人认为张三等人喝酒比较吵是藐视自己，于是扔酒瓶，属于无合理缘由的挑衅滋事行为。

李等人将张三等 3 人打成轻微伤，又犯了寻衅滋事罪。

正 当 防 卫

最后跟大家讲一下正当防卫。打架的人都喜欢用正当防卫来推脱，但是正当防卫并不是打架的免罚金牌。正当防卫需要同时满足以下条件：

1. 合法权益受到不法侵害，且侵害是现实的、正在进行中的；

2. 针对不法侵害人本人进行防卫；

3. 防卫不超过合理范围。

举几个例子来从反面说明哪些防卫是"不合格"的：

1. 张三拿着刀走向李四，李四以为张三要杀自己，二话不说拿起木棍把张三打了。然而张三并没有要伤害李四，只是拿着新买的刀经过。李四的合法权益并没有受到侵害，他进行的"防卫"是假想的防卫，不合格。

2. 张三打了李四一顿，打完转身走了。李四气不过，捡起地上的石头，从背后砸过去，把张三脑袋打穿了。李四在侵害已经结束之后进行"防卫"，属于事后的防卫，不合格。

3. 张三打李四，李四打不过张三，跑去把张三的儿子打了。李四的"防卫"没有针对侵害人进行，不合格。

4. 张三边打李四边说，我今天要教训你一顿。结果李四拿起刀把张三杀了。李四的"防卫"明显超过必要限度，属于防卫过当，不合格。

不合格的"防卫"打伤人，就构成对他人的非法侵害，构成犯罪的，一样要承担刑事责任。

年律师说法
公民维权 第32计

1. 避免通过暴力解决问题。暴力不但不能解决问题，反而会使问题复杂化，一旦构成犯罪会产生严重后果。即使不构成犯罪，打人行为也违反了社会治安管理，行为人可能要面临拘留、罚款等治安处罚。同时，打人也构成了民事侵权，可能面临侵权赔偿责任。

2. 纠集他人聚众斗殴风险极大。一方面作为组织者构成了聚众斗殴罪；另一方面如果被叫来的人不受控制，把对方打成重伤或打死，纠集者也要跟着转化成故意伤害罪或故意杀人罪，要为别人的行为"买单"。

3. 如果把人打伤，对方报警了，且法医鉴定结果构成轻伤，就要引起重视。应该积极与受害人和解，通过解释道歉、经济补偿等手段取得其谅解。然后将谅解书送交公安部门，积极接受治安处罚。在受害人谅解的前提下，公安机关可能就会撤销立案，不进一步追究。

4. "正当防卫"要合法使用，不合格的防卫依然构成违法犯罪。

5. 对方有过错在先，也不能轻易打人。因为对方的过错并不会影响你打人行为的定性，而只是在量刑的时候可能予以考虑。例如，张三发现自己的老婆与李四有染，于是把李四打成重伤。虽然李四有错在先，但张三依然构成故意伤害（致人重伤）罪，只是在判刑的时候，考虑对李四的过错，可能会对张三从轻判。

6. 如果被人打伤，及时报警并尽早去公安部门指定的鉴定机构做伤情鉴定，第一时间进行取证。如果公安机关没有及时给处理，我们会在后面的计策中讲解受害人应如何维权。

7. 聚众斗殴罪主要惩罚的是藐视社会秩序，公然拉帮结伙打架斗狠的流氓行为。一般情况下，由民间纠纷而引发的规模不大、社会影响不大的集体打斗行为，不应按照聚众斗殴罪来处理。所以，如果属于民间纠纷引发的多人打架，应当提供证据证明事发缘由，并证明参与打架的都是亲戚朋友，大家出于"一时生气"动手，从而把事态控制在民事纠纷领域。

第六章

民 与 官

三十三、遭到违法犯罪侵害没人管，怎么办

案例

　　李雷被林涛打伤，于是到派出所报了案。过了 3 天，李仍没见派出所抓人。经询问，派出所没有立案。几天后，李收到派出所不予立案的决定书。李认为是派出所之所以不立案是因为林找了人托了关系，派出所对林进行了包庇。李不知怎么样才能维护自己的合法权益。

　　遭到违法犯罪侵犯后，被害人第一时间就会想到报警，让公安机关给自己讨回公道。公安机关一般都是做了记录就让人回去了。被害人常常摸不着头脑，就这样就完啦？要不要抓人？什么时候抓人？不抓人怎么办？对侵害人要判不判刑？判轻了怎么办？本计就来为您讲解遭到违法犯罪，报警之后案子一般会走怎样一个流程。并告诉您，如果国家机关不给处理，被害人应该怎么办。

根据我国法律，刑事案件分为公诉案件和自诉案件。公诉案件是指由检察院负责起诉的案件，自诉案件是指由被害人（或其法定代理人、近亲属）自行起诉的案件。两种案件的程序是不同的。我们分开来讲解。

先来讲解公诉案件。被害人遭到非法侵害后，可以向公安部门求助——报警。然后等待公、检、法部门依职权对案件进行处理。我们来了解一下报警之后各部门的处理程序。

受理、立案阶段

被害人报警，公安先要看是否属于受理范围。如果涉嫌刑事案件或治安违法案件，公安会受理并作好笔录。然后在7日内审查确定是否立案。

如果经审查认为有犯罪事实且需要追究刑事责任，则立案。认为无犯罪事实，或犯罪事实显著轻微不需要追究刑事责任，则不立案，出具《不立案决定书》，告知不立案原因。

一旦公安部门决定立案，则意味着此案可能涉嫌刑事犯罪，此时侵害人就被称为"犯罪嫌疑人"。公安部门随后会展开侦查、搜集证据，对犯罪嫌疑人可能采取强制措施（拘传、取保候审、监视居住、拘留、逮捕等）。待侦查完毕，将案件移送给检察院审查起诉。

审查起诉阶段

检察院接到案件后，在1个月，至迟1个半月内作出是否起诉的决定。

检察院审查公安移送的证据材料后，认为犯罪嫌疑人的犯罪事实清楚，证据确实、充分，应当追究刑事责任的，决定起诉。

认为证据不足需要补充侦查的，可以要求公安部门补充侦查，将证据补足了再决定起诉。但若公安部门补充侦查了 2 次以后证据仍不足，检察院应当决定不起诉。

认为犯罪嫌疑人没有犯罪事实的，应当决定不起诉。

认为犯罪嫌疑人有犯罪事实，但情节轻微，不需要判处刑罚或可免除刑罚的，可以决定不起诉。

检察院决定不起诉的，制作《不起诉决定书》，送达公安机关、被害人、被不起诉人（之前的"犯罪嫌疑人"）及其单位（目的在于为其"正名"）。

审理阶段

检察院如果决定起诉，将向法院提起公诉。由法院对被告人（之前的"犯罪嫌疑人"）进行审判。认为被告人犯罪事实清楚，证据确实、充分，应作出有罪判决；认为被告人无罪的，应作无罪判决；认为证据不足，不能认定被告人有罪的，应作无罪判决。

这样来看，如果一切"顺利"的话，被害人报警之后公安立案、检察院起诉、法院审判并作出有罪判决，侵害人受到法律的制裁。被害人还可以在刑事审判的同时或之后，就自己遭受到的损害，向侵害人提起民事诉讼，获得民事赔偿。

但是有的时候事情并不"顺利"。下面我们来讲遇到"阻碍"时被害人应该怎么办。

公安机关决定不立案

被害人不服，可以通过以下 3 种途径救济：

1. 向上一级公安机关申请复议。

2. 向检察院申请立案监督。检察院收到申请后，会要求公安机关说明不立案的理由。若理由不成立，则检察院会通知其立案。公安机关接到通知之后必须立案。

3. 自行去法院起诉。我们会在下面自诉案件部分讲解。

检察院决定不起诉

1. 被害人可以向上一级检察院申诉。上一级检察院维持不起诉决定的，被害人可以去法院起诉。

2. 被害人也可以不经申诉程序，直接去法院起诉。

被害人对法院的判决不服

被害人没有上诉权，对一审判决不服的话，可以请求检察院抗诉。但是否抗诉，决定权在检察院。如果检察院决定不抗诉，被害人可以向上一级检察院申诉。

如果判决已经生效，被害人不服，可以向法院或检察院提出申诉，请求法院启动再审或检察院启动抗诉。如果被拒绝，被害人可以向上一级法院、检察院申诉。

下面我们来看自诉案件。

自 诉 案 件

自诉案件，要求被害人亲自到法院起诉。但是，如果被害人死亡、丧失行为能力，或由于受到强制、威胁恐吓，或是限制行为能力人，或因年老、患病、盲、聋、哑等原因无法亲自去告，被害人的法定代理人或近亲属也可以代为告诉。

在我国以下 3 种情况属于自诉案件：

1. 告诉才处理的案件。侮辱罪、诽谤罪、暴力干涉婚姻自由罪、虐待罪、侵占罪，这几种犯罪只有被害人去法院起诉，才追究侵害人的刑事责任。如果被害人不起诉，公安机关不能主动追究侵害人的刑事责任。

2. 检察院未提起公诉，被害人有证据的，对被告人可能判处 3 年有期徒刑以下刑罚的侵害人身权利、财产权利案件。

如果法院发现被害人手头证据不足，且案件可以由公安机关受理，或发现被告人可能会被判处 3 年有期徒刑以上刑罚，应当告知被害人报警（由公安机关立案侦查进一步处理），或直接将案件移送公安机关处理。此时自诉案件就转变成公诉案件了。

3. 被害人有证据证明存在犯罪事实，应当追究刑事责任，并且曾提出过控告，但公安机关不立案或检察机关不起诉的案件。

这种就是前面提及的，被害人认为应该对侵害人进行公诉，但公安部门或检察院没有追究的情况。此时，被害人可以提交刑事自诉状、相关证据、公安机关的《不立案决定书》或检察院的《不起诉决定书》，直接向法院起诉。

年律师说法

公民维权 第33计

1. 受到违法犯罪侵害，要及时报警，保护现场并留好证据，清楚地向公安机关讲述被侵害的过程。最好能提供明确的侵害人、目击证人等。

2. 如果被害人是被打而受伤，公安一般会要求被害人作伤情鉴定。鉴定结果是认定侵害人行为是否构成刑事犯罪的重要依据。被害人应尽早去公安机关指定的鉴定机构作伤情级别鉴定。

3. 公安部门介入后，侵害者往往会出于压力主动找到被害人寻求和解。注意录音取证，以备后用。比如，一旦达不成和解，双方谈判的录音可以作为自己曾受侵害的证据。

4. 保留好公安机关、检察院、法院出具给自己的所有通知书、告知书、决定书等文件材料（如果未依法出具，应要求其出具）。这些材料都可以作为被害人曾提出维权的证据。如果公、检、法不作为，被害人还可以依据手头的材料提起相关行政诉讼。不作为也可能构成渎职类犯罪，被害人可以向纪委、检察院控告、检举。

5. 如果一系列司法程序都无法顺利维权，受害人还可以向政府部门求助，如向政法委（协调公、检、法的部门）或信访机构求助维权。

三十四、犯罪嫌疑人（被告人）
有哪些权利

案例

　　李雷因林涛挑逗其女友，纠集多人将林打了一顿，林被打掉两颗牙齿。2 天后，警察找到李并将李带回派出所。李第一次被"抓"，十分紧张害怕。经讯问，李如实供述了叫人打林的事实，于是李被拘留，并送往看守所。李心慌意乱，不知所措，不知道自己要被关多久，也不知道等待自己的将是什么处罚。

　　一时冲动打了人，被警察带走之后会怎么样？会关押多久？什么时候能和亲人见面？要不要请律师？什么时候会被判刑？不服判决怎么办？如果什么都不知道，两眼一抹黑被人"牵着鼻子走"，肯定会恐惧心慌。本计就来为您讲解，当成为"犯罪嫌疑人（被告人）"时，具有哪些权利。

　　"犯罪嫌疑人"和"被告人"其实指的是同一个人。只是在侦查和审查起诉阶段称呼为"犯罪嫌疑人"，而一旦起诉到法院，就改称为"被告人"。通俗来讲，这两个称呼都是指代犯事的人，案子在公安、检察院手里的时候叫"犯罪嫌疑人"，案子到法院手里之后改口叫"被告人"。

从流程上来看是这样的：公安部门负责大多数刑事案件的侦查工作，侦破之后将材料移送检察院。检察院审查后认为证据充足应该追究刑事责任的，把犯罪嫌疑人起诉到法院。法院进行审理并判决。但是国家公职人员的职务类犯罪（贪污、受贿、渎职、滥用职权等利用职权实施的犯罪），由检察院负责侦查，查毕直接起诉至法院。无论哪一类案件，都要经过侦查、审查起诉、起诉三个阶段。下面将按照这个顺序，讲解不同阶段时犯罪嫌疑人（被告人）的权利。

侦 查 阶 段

1. 人权。我国法律有一个原则性的规定，即未经法院审判不得确定任何人有罪。犯罪嫌疑人不等于罪犯，即使被关押，公安、检察部门也不能认定其有罪。犯罪嫌疑人的基本人权不可侵犯，人格不可被侮辱。如果受到公安、检察部门的侵犯，犯罪嫌疑人可以（委托辩护人）进行控告。被控告人将会受到调查，查证属实则可能会被行政处分，情节严重的甚至可能构成犯罪。

2. 要求回避的权利。如果侦查人员是本案当事人或近亲属（夫、妻、父、母、子、女、同胞兄弟姐妹），或与本案有其他足以影响公正审判的利害关系，或接受过对方当事人

（或其委托的人）请客送礼，或与对方当事人（或其委托的人）私底下见过面等，则犯罪嫌疑人可以要求其回避。

3. 委托辩护人的权利。在侦查阶段，犯罪嫌疑人可以委托律师做自己的辩护人。从第一次被讯问或采取强制措施之日起就可请律师。如果犯罪嫌疑人在押，其近亲属可以代其请律师。律师可以同在押的犯罪嫌疑人会见、通信（亲属不可以），提供法律帮助，代理申诉、控告，申请变更强制措施，向侦查部门了解涉案罪名和案件有关情况等。

如果犯罪嫌疑人经济困难或有其他原因没有委托辩护人，本人或近亲属可以向法律援助部门（司法局下属部门）申请指派律师。如果犯罪嫌疑人是盲、聋、哑、精神病人、未成年人，或可能被判无期、死刑的人，没有委托辩护人的话，法律援助部门应当为其指派律师辩护。

4. 不受严刑逼供的权利。侦查部门以严刑逼供等非法方法获取的犯罪嫌疑人供述应当排除。如果侦查人员采取刑讯逼供手段，犯罪嫌疑人可以委托律师向检察院控告。

如果在法庭审理中，被告人提出线索或材料证明自己曾受到刑讯逼供，法庭应当展开调查，要求检察院对证据来源的合法性进行证明。不能证明的，可以要求侦查人员出庭说明情况。如仍不能排除存在刑讯逼供可能，则有关证据应当被排除。

5. 在强制措施中的权利。强制措施分为拘传、取保候审、监视居住、拘留、逮捕。具体来说：

① 犯罪嫌疑人被拘传的，时间不能超过 12 小时；案情重

大复杂，需要采取拘留、逮捕的，拘传不能超过 24 小时。不得以连续拘传的形式变相拘禁，并且要保证犯罪嫌疑人饮食和必要的休息。

②犯罪嫌疑人被取保候审的，最长不得超过 12 个月。取保候审结束时，缴纳过保证金的，可凭解除取保候审的通知或其他相关法律文书到银行领取退还的保证金。

③犯罪嫌疑人被监视居住的，最长不得超过 6 个月。且应当在犯罪嫌疑人的住处执行。但若犯罪嫌疑人无固定住处的，或犯罪嫌疑人涉嫌危害国家安全犯罪、恐怖活动犯罪、特别重大贿赂犯罪，在住处执行可能有碍侦查，经上一级检察院或公安机关批准后可以在指定的居所（但不能是羁押场所或专门的办案场所）执行。指定居所监视居住的，应在执行后 24 小时内通知家属。

④犯罪嫌疑人被拘留的，应当立即将人送至看守所羁押，至迟不超过 24 小时。拘留后 24 小时内通知家属（除涉嫌危害国家安全犯罪、恐怖活动犯罪通知可能有碍侦查以外）。24 小时内进行讯问。

拘留后认为需要逮捕的，应在拘留后 3 日内提请检察院审查批准。特殊情况可延长 1～4 日。但如果是流窜、多次、结伙作案的重大嫌疑分子，提请批捕时间可延长至 30 日。检察院在 7 日内作出批准或不批准的决定。由此来看，拘留的最长时间不超过 37 日。

⑤犯罪嫌疑人被逮捕的，应立即送至看守所羁押，并在 24 小时内通知家属，24 小时内进行讯问。逮捕后的侦查羁押

期限一般不应超过 2 个月，但是如果案情复杂，最长可以延长至 7 个月。

但是其实犯罪嫌疑人实际被羁押的时间也可能会超过 7 个月。一方面即使侦查终结，案件移送检察院审查起诉了，检察院那边审查起诉还需要一段时间（下面会讲）；另一方面可能会出现侦查羁押期限的延迟起算（不讲真实姓名、住址的，从查清其身份之日起计算）或重新计算（侦查过程中发现另有其他罪行的）。

审查起诉阶段

侦查部门侦查完毕，把案子移送检察院审查起诉，检察院应该在 1 个月内作出决定，至迟不超过 1 个半月。

如果检察院认为证据不足，可以退回侦查部门补充侦查，补充侦查的期限的 1 个月。补充侦查可以进行 2 次，如果补充侦查了 2 次以后仍然证据不足，就只能决定不起诉，立即放人。

这样算下来，犯罪嫌疑人被逮捕之后的羁押的时间，在最长 7 个月的基础上，还可能有两次补充侦查，即 7 个月＋1.5 个月（第一次审查）＋1 个月（第一次补充侦查）＋1.5 个月（第二次审查）＋1 个月（第二次补充侦查）＋1.5 个月（第三次审查），也就是延长到了 13.5 个月。

但这依然不是犯罪嫌疑人可能关押的最长的时间，因为如果人民检察院审查发现案子不归自己管，可能会将案子交给别的检察院去管。后接手的检察院从收到案件之日起，计算审查起诉期限（1.5 个月），这样一来，就又增加了犯罪嫌疑人可能被关押的时间。

检察院审查之后最后会有 2 种结果，一种决定不起诉，那么必须立即放人（即使公安机关要求复议、复核，也必须先放人）；另一种决定起诉，案子走入下一个程序——起诉。

在审查起诉程序中，犯罪嫌疑人依然享有人权、申请检察人员回避的权利、委托辩护人的权利、不受刑讯逼供的权利等。这个阶段还多一个权利，即当检察院审查之后认为犯罪嫌疑人"犯罪情节轻微，不需要判处刑罚或免除刑罚"而作出不起诉的决定，但犯罪嫌疑人坚持认为自己根本没有犯罪时，有权自收到不起诉决定书之后 7 日内向检察院进行申诉。

审 判 阶 段

检察院审查起诉，案件就到了法院审判阶段。

一审法院审限是 2 个月，至多不超过 3 个月。但有特殊情形的重大复杂案件，经上一级法院批准还可以延长 3 个月，报请最高院批准还可以继续延长（无时间限制）。而且，在庭审中检察院可以要求至多 2 次的补充侦查，每次以 1 个月为限，而且补充侦查完毕移送法院的，法院的审限又重新计算。另外，如果法院发现案件不属于自己管，可以将案子移送给其他法院管辖。接收的法院从收到案件之日起重新计算审限。

案件事实清楚、证据充分，被告人对所指控犯罪事实无异议且同意的，一审可以适用简易程序进行审判。简易程序审限为 20 日，至多不超过一个半月。

二审审限是 2 个月，有特殊情形的重大复杂案件，经省级高院批准还可以延长 2 个月，报请最高院批准还可以继续延长（无时间限制）。再审审限是 3 个月，至多不超过 6 个月。二审、再审都不可以适用简易程序。

在一审、二审、再审程序中，被告人依然享有人权、申请审判人员回避的权利、委托辩护人的权利。此外其他诉讼权利：

1. 上诉权。一审案件的裁判文书送达之后，并不马上生效，而是有一个上诉期（判决 10 天，裁定 5 天）。只有被告人或检察院双方在上诉期内都没有上诉，一审的结果才会生效。如果对一审结果不服，被告人有权在上诉期内上诉。

2. 申诉权。法院的裁判文书已经生效后，被告人不服，可以向法院或检察院提出申诉，申请再审。法院、检察院经审查认为确有必要的，应当启动再审或抗诉。

3. 在庭审中做最后陈述的权利。开庭审理的案件，被告人有权做最后陈述。

4. 上诉不被加刑的权利。只有被告人上诉（无检察院抗诉或自诉人上诉），二审判决不得加重上诉的被告人的刑罚。这一条规定的目的在于保护被告人"敢于上诉"的权利。如果被告人觉得一审判决不公正（判重了），可以大胆上诉，不用担心二审会判更重。

但是注意，如果检察院或自诉案件中自诉人（一般是刑事案件的被害人一方）不服一审判决，抗诉或上诉了，则二审允许加重被告人的刑罚。

5. 如果在押的被告人一审被判无罪，或判免除刑罚，则应立即放人。一审判决作出后到生效需要 10 日，但如判被告人无罪或免罚，被关押的被告人不需要等到判决生效，可以立即释放。

千年律师说法
公民维权 第 34 计

1. 一旦涉嫌犯罪"被抓"，为了维护自己的合法权益，应立即要求委托律师。律师最早可以在 48 小时内进行会见，提供法律支持。并且在会见律师以前，尽量不要什么话都讲，因为犯罪嫌疑人如果不懂法，很有可能就无意中说出对自己极其不利的言论。

2. 如果在被讯问、调查、关押期间被警察、检察人员殴打、虐待、折磨，要及时告诉律师，让律师代为控告。

3. 在被羁押期间要尽量表现得守规矩，因为符合条件的可以申请取保候审或监视居住。让侦查部门觉得自己没有社会危害性，会增加被取保候审或监视居住的可能性。

4. 一旦被逮捕，就可能面临着很长的羁押时间。犯罪嫌疑人要放平心态，与律师建立良好的信任、沟通，积极面对问题、解决问题，不要盲目焦虑、狂躁，坏心态只能让事情变得更糟。

5.用好自己的权利。比如，最后陈述权，被告人在法庭做最后陈述时，是个很好的"表白"机会，如何组织语言、如何表达情感、如何争取法官的好感和同情，需要被告人自己好好把握。

三十五、民"告"官，怎么"告"

　　李雷在超市买油，回家之后才发现，油桶底部有一个死蟑螂。李雷十分愤怒，但超市只同意换一桶油，并没有答应赔偿。于是李雷向工商分局写了举报信，要求工商分局责令超市赔偿，并对超市进行处罚。一个月后李雷收到书面答复，称此事不属于其职能范围。李雷向市工商局申请复议，市工商局维持了工商分局的决定。

　　李雷遂向法院起诉。经查明，流通领域的食品安全问题应由食品药品监督管理局负责，确实不属于工商分局和市工商局职能范围。但依照法律规定，当工商行政管理机关发现所查处的案件应由其他行政机关管辖时，应当移送。工商分局并没有依法移送，是违法的。于是法院判决被告应依法履行移送职责。

　　政府有很多职能部门，分工合作，履行着各种各样的职责，有的负责进行社会管理，有的负责提供公共服务。老百姓一方面被管理，另一方面也享受着政府提供的各种服务。但是，政府部门也是人在办公，只要是人工，就可能会出现错误或纰漏。当政府机关做错了，损害了老百姓的利益时，我们应该如何维权？本计将为您讲解，民"告"官应该怎么"告"。

首先我们先来看，什么事、什么人可以"告"。

什 么 事

政府机关代表国家行使行政权力，作出管理、服务等职权行为，称为行政行为。根据行政行为的对象是特定的某一个（些）人，还是不特定的社会公众，将行政行为区分为两类——具体行政行为和抽象行政行为。

具体行政行为是行政主体针对特定对象作出的行政行为，如一次罚款（行政处罚）、一次登记（行政确认）、一次办证（行政许可）、一次政府补贴发放（行政给付）、一次行政裁决等。对具体行政行为不服，可以"告"。

抽象行政行为主要是指政府制定行政法律文件（我们常说的"红头文件"）的行为。抽象行政行为不能"告"。如果老百姓认为政府颁布的某个"红头文件"有错误，不能直接要求政府审查或更改。但可以等到政府部门依据该"红头文件"对自己作出具体行政行为后，对该具体行政行为不服而"告"，并申请附带审查该"红头文件"的合法性。

什 么 人

不是每个人看到政府行为不顺眼、不服气都可以去"告"，可"告"的人只有具体行政行为的相对人或相关人。即某一具体行政行为是对谁作出的，或对谁有直接的利益影响，谁才可以站出来"告"。

比如，一块地，张三、李四都想争使用权，政府裁决把地的使用权给了张三。那么张三是行政裁决行为的相对人，李四与行政裁决的结果休戚相关，是相关人。两个人都可以不服裁决结果而选择"告"。（李四因为政府没有把地裁决给自己而不服，张三也可以因为对政府把地裁决给自己使用的期限不满意等原因而不服。）

怎么"告"

具体行政行为作出后，相对（关）人不服，怎么告？找谁告？法律提供了两条途径——其一是走行政程序，找领导部门"告"，就是说向作出具体行政行为的部门的领导部门申请复议。其二是走司法程序，找法院"告"，就是说以作出具体行政行为的部门为被告，向法院起诉。

相对（关）人可以选择先复议，如果对复议结果不满意再起诉；也可以选择不经过复议而直接向法院起诉。

下面我们分别来介绍复议程序和起诉程序。

1. 复议程序——找领导部门"告"。我国政府机构就像一个坐标轴，横坐标是各种各样的职能部门，纵坐标是不同的级别（从低到高依次是乡、县、市、省、国）。

某一职能部门中，上级领导着下级，同时各职能部门也要接受同级人民政府的领导。

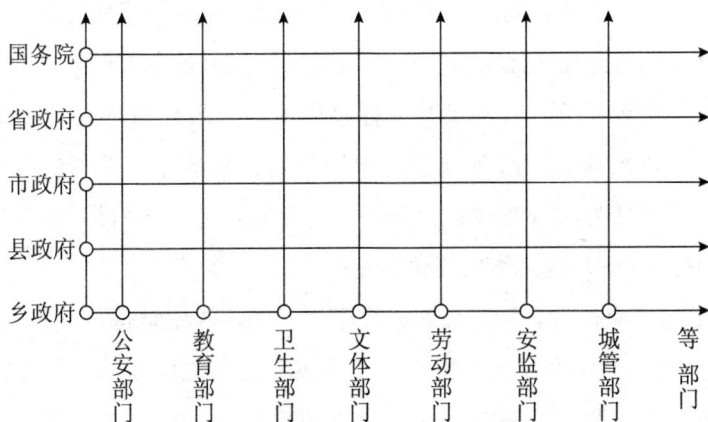

举个例子，如果要找管理社会治安的部门，我们就在横坐标上找到公安部门，然后根据不同的职权范围从小到大依次是乡公安局、县公安分局、市公安局、省公安厅、（国家）公安部。乡公安局接受乡政府和县及所有县以上公安部门领导；县公安分局接受县政府和市及所有市以上公安部门领导；市公安局接受市政府和省公安厅、公安部领导；省公安厅接受省政府和公安部领导，公安部接受国务院领导。

一般情况下，各部门都是这样接受上级部门和同级人民政府的双轨制领导。但也有一些例外，如工商、税务、海关、质监、交通、检察院、国土资源管理等，这些部门只受上级部门领导，并不受同级人民政府领导。

当我们大概明确了政府部门的管理模式，就能快速找到某个部门的领导部门。比如，区教育局的直接领导部门有两个，区政府和市教育局；再如市政府的直接领导部门就是省政府；再如工商分局（区县级）的直接领导部门就是市工商局。

相对（关）人不服某一行政机关的行政行为，应当在 60 日内找到其上一级领导部门申请复议。领导部门受理后将对原行政行为的合法性、合理性进行审查，并在 60 日（最长不超过 90 日）内，作出复议决定：

① 原行为合法、合理、程序正当的，决定维持；

② 原行为存在事实不清、证据不足、程序违法、法律适用错误、明显不适当、超越职权或滥用职权情况之一的，决定撤销、变更或确认原行为违法（决定撤销或确认原行为违法的，可责令原行政机关限期重新作出行政行为）；

③ 如果原行政机关不履行法定职责，决定要求原行政机关限期履行。

2. 诉讼程序——找法院"告"。如果相对（关）人不服某一具体行政行为，可以在知道行政行为作出后 6 个月内，向作出该行为的行政机关所在地的法院起诉。经过行政复议仍不服的，应在收到复议决定书之日起 15 日内向法院（也可以是复议机关所在地的法院）起诉。

相对（关）人提交起诉状，指出明确的被告，阐述清楚事实，提供有效证据，提出具体的诉讼请求，法院应当受理、立案。如果法院不予立案，应当出具裁定书说明理由，相对（关）人不服可以上诉。如果法院既不立案又不出具裁定书，相对（关）人可以直接向上一级法院起诉。

法院会对具体行政行为的合法性进行审查，并在立案之日起 6 个月内作出一审判决：

① 原行为证据确凿、适用法律正确、程序正当，判决驳回原告诉讼请求；

② 原行为存在事实不清、证据不足、程序违法、法律适用错误、明显不适当、超越职权或滥用职权情况之一的，判决撤销或部分撤销，并可判决被告重新作出行政行为；

③ 如果被告不履行法定职责，判决被告限期履行；

④ 如果被告不履行法定给付义务，判决被告履行给付；

⑤ 如果原行为应当撤销，但撤销会严重损害国家、公共利益，或原行为违法但已经不具有可撤销的内容，或原行为是违法不作为，但判决履行已经没有意义，则判决确认原行为违法；

⑥ 如果原行为是明显不当的行政处罚，可以判决变更。

当事人不服一审判决，可以在判决书、裁定书送达之日起 15 日、10 日内向上一级法院上诉。上一级法院应当在 3 个月之内作出终审判决。当事人仍然不服的，可以申请法院再审，或向检察院申诉。

现在我们来看开篇案例。

李雷向工商分局举报，工商分局以无相关职权为由没有处理。工商分局不受理李雷的举报，这是一个典型的具体行政行为，李雷是相对人。李雷不服，可以向其上级部门（市工商局）申请复议。上级部门作出维持决定。李雷仍不服，可以向法院起诉。法院审查认为被告不受理的行为是合法的，但没有依法履行"移送"义务是违法的。于是判决被告履行"移送"义务。

年律师说法

公民维权 第 35 计

1. 行政机关作出具体行政行为，相对（关）人只要不服，就可以"告"。行政机关要自证行为合法。当然，为了增加"胜算"，相对（关）人也应该注意搜集并保留行政机关行为违法的各种证据。

注意，行政机关的违法行为可能是积极的"作为"（不该做但做），也可能是消极的"不作为"（该做但不做）。当行政机关作为时，其自证合法；当其不作为时，相对（关）人要证明自己曾向行政机关提出过要求其履行法定职能的申请，但其拒绝履行，或逾期未作答复。

2. 我们生活中最常打交道的是公安机关。派出所只能作出警告和 500 元以下罚款的行政处罚，无权超额罚款或作出拘留等限制人身自由的行政处罚。

3. 行政机关对老百姓的违法行为进行处罚，奉行"一事不再罚"原则，最主要是指对老百姓的一个违法行为，不能进行 2 次或 2 次以上的罚款。比如，张三违规摆摊卖包子，已经被城管罚了款，这时其他部门（如卫生部门等）就不能再来罚款。但是注意，"一事不再罚"仅针对同一个违法行为。如果张三今天违规卖包子被城管罚了，明天还来卖，其他部门就可以再来罚，因为张三第二天卖包子已经是另一个行为了。

4. 为了鼓励老百姓站出来维护自己的权益，法律规定了只有行政相对人"告"的，不能加重其义务或处罚。即行政相对人对原行政行为施加给自己的义务或处罚不服，申请复议或起诉后，即使复议机关或法院在审查之后发现原行政行为设立的义务或施加的处罚过轻，也只能维持原行为，不能加重义务或处罚。此规定的意义是让老百姓在觉得受到行政机关的不公正待遇时可以大胆去"告"，至少情况不会比现在更坏。

举个例子，张三超速被罚 200 元，张三不服起诉交警大队。结果法院审查发现张三其实超速已经达到 60%，罚款 200 元其实罚轻了，本应该罚款 500 元。但法院只能判决驳回张三诉讼请求，而不能加重对张三的处罚。

但是如果行政相关人也提出异议的，则不受限制。举例，张三把李四打伤之后，张三被公安部门罚款 2000 元。张三认为太重了起诉，李四认为太轻了起诉。法院审理认为处罚明显过轻。此时由于有李四（相关人）提出异议，则法院可以加重对张三的处罚。

5. 当相对（关）人选择"告"的时候，原行政机关可能会找到相对（关）人和解，双方"各退一步，息事宁人"。此时相对（关）人就应该仔细衡量。在现实生活中，复议机关作出变更决定的情况其实并不多，往往都会维持。而行政诉讼只审查行政行为的合法性，除非明显不合理的才会变更，否则一般情况下只要符合合法性，法院就不会改变原行政行为。相对（关）人要仔细思考"告"的胜算大小。如果原行政行为违法或明显不当，则可以选择坚持"告"；如果只是合理性问题，或模棱两可，则可以考虑同意和解，从而选择对自己利益最大化的解决方案。

6. 无论是申请复议，还是提起诉讼，都实行"一事不再理"。即相对（关）人撤回复议申请或撤诉之后，不能以同一事实理由对同一件事再次申请复议或提起诉讼。所以，民"告"官只有一次机会，要做好充分的准备，把握机会。如果选择与对方和解，一定要一次性把条件谈清楚，并拿到书面的和解协议，或对方确实已经兑现了承诺再撤"告"。

三十六、如何找国家赔钱

2008 年 6 月 1 日，李雷因涉嫌杀害同村韩梅梅，被公安机关刑拘。6 月 7 日检察院批准逮捕，同年 10 月 12 日，李雷被法院以故意杀人罪判处死缓。2014 年 5 月，"受害人"韩梅梅活着回到村里，真相大白。法院立即启动再审，宣告李雷无罪，立即释放。

被释放后，李雷申请国家赔偿。国家支付李雷赔偿金 26 万元。

老百姓的权利受到他人侵害，可以找"国家"主持公道，但如果老百姓受到了"国家"侵害，应该怎么办呢？本计就来讲解，当老百姓的合法权益受到"国家"侵害时，如何找"国家"赔钱？

我国的法律规定，国家机关和国家机关工作人员在行使职权的过程中，侵犯公民（还包括法人、其他组织等）合法权益，造成损害的，受害人有权取得国家赔偿。赔偿主体是"国家"，"国家"拿钱赔给公民。但是"国家"是一个抽象概念，具体对公民进行赔偿的是实施了侵权行为的国家机关，或实施侵权行为的国家工作人员所在的机关，由机关代表"国家"对公民进行赔偿。

《国家赔偿法》根据侵权机关的属性不同，将国家赔偿区分为行政赔偿和刑事赔偿。我们分开来讲解。

行 政 赔 偿

1. 什么情况下可以申请行政赔偿？

行政机关及其工作人员在行使行政职权的过程中违法，侵犯了公民人身权（违法对公民进行拘留或限制人身自由、殴打虐待等侵犯公民生命健康权、违法使用武器警械造成公民伤亡等）或财产权（违法实施罚款、吊销证照、责令停产停业、没收财产、查封、扣押、冻结、征收、征用等），受害人有权要求赔偿。如果造成公民死亡，财产继承人可以要求赔偿。

举例说明：

城管在执法过程中打伤小贩，就属于行政机关工作人员违法侵害公民（小贩）人身权，小贩可以要求城管所在单位（城管局）对自己赔偿。再如，市场监督管理局的工作人员对某商铺进行打击报复，未经合法程序擅自吊销该商铺营业执照，侵犯了商铺经营人的财产权，经营人可以要求其单位（市场监督管理局）对自己进行赔偿。

注意，行政赔偿的前提是行政部门或其工作人员有违法行为，且赔偿的范围限于违法行为造成的损失，合法的行政行为不存在赔偿问题。比如，小贩违法占道摆卖，城管有权对其商品进行没收，由此给小贩造成的财产损失是不需要赔偿的。但城管的执法程序必须符合法律法规规定。如果城管打人，那必然属于违法行为，给小贩造成的人身伤害是要赔偿的。

2. 谁来赔偿？

做出违法行政行为的国家机关，以及做出违法行为的国家工作人员所在的国家机关，是赔偿义务机关。由其代表"国家"向受害人进行赔偿。

3. 如何申请赔偿？

通过之前的学习，我们知道公民对行政机关的具体行政行为不服可以申请复议，也可以提起行政诉讼。如果公民认为该具体行政行为给自己造成了人身损害或财产损害，希望得到国家赔偿，一条路可以在申请复议或提起诉讼时一并提出行政赔偿请求，另一条路也可以不复议、不诉讼，而单独请求行政赔偿——在知道或应当知道权利被侵害之日起2年内（被限制人身自由的期间不算在内），向赔偿义务机关提出行政赔偿的申请，赔偿义务机关在2个月内作出是否赔偿、赔偿多少的决定，如果对该决定不满意，公民可以在3个月内向法院提起行政赔偿诉讼，由法院对是否赔偿、赔偿多少进行裁判。

刑 事 赔 偿

1. 什么情况下可以申请刑事赔偿？

公、检、法以及看守所、监狱管理机关及其工作人员，在行使侦查、检查、审判及看管职能时，侵犯公民人身权、财产权的，受害人有权取得赔偿。如果造成公民死亡，财产继承人可以要求赔偿。

侵犯人身权的情形包括：

① 违法刑拘。违反刑诉法规定的刑拘条件或程序对公民进行刑拘；或合法刑拘但超期羁押，其后对其撤销案件、不起诉或判决无罪终止追究刑事责任的，要赔偿。

② 错误逮捕。对公民进行逮捕的，无论逮捕是否合法，只要抓错了人（逮捕以后对其撤销案件、不起诉或判决无罪终止追究刑事责任的），就要赔偿。

③ 错判。再审改判无罪，但原判实刑已经执行了的。指的是本来无罪的人，被判了罪并且确实被执行了"关起来"的刑罚。但是如果被判了"管制""有期徒刑缓刑""剥夺政治权利"等并没有限制人身自由的刑罚种类，则不赔。

④ 刑讯逼供、殴打虐待、违法使用武器警械造成公民伤亡的。

侵犯财产权的情形包括：

① 违法查封、扣押、冻结、追缴财产等。

② 再审改判无罪，原判罚金、没收财产已经执行的。也是错判的一种，指对本来无罪的人判处了财产刑的情况。

2. 谁来赔偿?

在刑事赔偿中,受害人在被追究刑事责任的过程中,一般情况下,要经过公安机关侦查、检察院审查批捕、检察院公诉、法院审判、看守所或监狱监管执行刑罚等程序。

如果公民在这个过程中受到"刑讯逼供""殴打虐待"或"违法使用武器警械",那么"谁打人,谁的单位赔偿"。举例说明,张三被公安侦查的过程中受到办案刑警的刑讯逼供,那么刑警所在的公安局要赔偿;如果张三在监狱关押期间,受到的狱警虐待,那么狱警所在的监狱负责赔偿。

如果是发生"冤假错案",公民本无罪却被误抓、被羁押、被判刑甚至已经被执行实刑(指被关押起来)了,公民找哪个单位赔钱呢?这取决于公民被追究刑事责任的进程走到了哪个阶段:

如果公民只是被公安刑拘,只要刑拘符合法定程序和条件,则"拘了白拘",不赔,不存在赔偿义务机关。

如果公民已经被逮捕,则决定逮捕的机关赔。一般来说是检察院决定逮捕,由检察院赔;但在刑事自诉案件中,法院也可能会决定对犯罪嫌疑人进行逮捕,这种就要法院赔。

如果公民已经被法院判决有罪,则作出生效判决的法院赔。如果是一审法院判决有罪,没有上诉、抗诉,判决直接生效了,那么一审法院赔;如果有上诉、抗诉,二审法院维持了一审判决,则二审法院赔;如果有上诉、抗诉,二审法院虽然改判,但依然判决有罪,则二审法院赔。

这里提醒一句,如果法院对公民判决无罪,那么就证明对公民的逮捕是"抓错人",则由决定逮捕机关（一般情况下是检察院,因为法院基本不可能自己决定逮捕后又判决无罪）负责赔偿。

3. 如何申请赔偿?

如果赔偿义务机关是公安、检察院、监狱,公民应于知道或应当知道权利被侵害之日起2年内（被限制人身自由的期间不算在内）,向赔偿义务机关申请赔偿。赔偿义务机关2个月内作出是否赔偿、赔偿多少的决定。申请人不服,可以于30日内向赔偿义务机关的上一级机关申请复议。复议机关应于2个月内作出决定。申请人仍然不服的,应于30日内向复议机关所在地同级人民法院的"赔偿委员会"申请作出赔偿决定。申请人仍然不服,认为赔偿委员会的决定确有错误,可以向上一级法院的赔偿委员会提出申诉。

如果赔偿义务机关是法院,公民同样应于2年内向该法院申请赔偿。该法院应于2个月内作出是否赔偿、赔偿多少的决定。申请人不服,向该法院的上一级法院的赔偿委员会申请作出赔偿决定。不服仍然可以申诉。

现在我们来看开篇案例。

李雷被以"故意杀人罪"误抓、判刑并执行了实刑（死缓,在判决生效2年内没有故意犯罪,减为无期徒刑）,李雷可以申请国家赔偿（属于刑事赔偿）。应由作出生效判决的法院——当地中级人民法院作为赔偿义务机关。

明确了要不要赔、谁来赔、如何申请赔偿之后，我们面临的问题就是"赔什么、赔多少、什么时候赔"？

1. 赔什么、赔多少？

侵害公民人身自由的，每日赔偿金按国家上年度职工日平均工资计算。造成严重后果的（一般被羁押的都属于"造成严重后果"），支付精神损害抚慰金。

侵害公民生命健康的，支付以下赔偿金：

① 造成身体伤害的，支付医疗费、护理费，并赔偿因误工减少的收入（同样按照国家上年度职工日平均工资计算，但最高额为国家上年度职工年平均工资的 5 倍）；

② 造成公民部分或全部丧失劳动能力的，支付医疗费、护理费、残疾生活辅助具费、康复费等因残疾而增加的必要支出、继续治疗所需要的费用、残疾赔偿金（根据国家规定的伤残等级确定，最高不超过国家上年度职工年平均工资的 20 倍）；造成全部丧失劳动能力的，对其扶养的无劳动能力人，应当支付生活费（按照被扶养人住所地的低保标准确定金额，如果是未成年人支付到 18 周岁为止，其他的支付到死亡为止）。

③ 造成公民死亡的，支付死亡赔偿金、丧葬费，总额为国家上年度职工年平均工资的 20 倍。对其生前扶养的无劳动能力人应支付生活费（标准同上）。

侵害公民财产权的，应返还财产；造成财产损坏或灭失的，应予以赔偿；吊销证照、责令停产停业的，还要赔偿停业期间的必要的经常性费用开支；返还罚款、罚金、追缴或没收的金钱或解除冻结的存款、汇款时，还要支付银行同期存款利息（按定期存款利率计算）。

2. 什么时候赔？

赔偿请求人拿着生效的法律文书（判决书、赔偿决定书、复议决定书或调解书），向赔偿义务机关申请支付赔偿金。赔偿义务机关应于 7 日内向财政部门提出支付申请。财政部门应于 15 日内支付。所以，赔偿请求人递交生效文书后最迟不超过 22 天，就可以拿到钱。

年律师说法

公民维权 第36计

1. 申请国家赔偿要求"谁主张、谁举证"。也就是说，受害人要举证证明自己受到的损失。如果是遭受财产损失，就要证明损失数额；如果是遭遇人身伤害，要举证证明医疗费用、治疗费用等开支。要注意保留好一切相关单据。

2. 申请赔偿有时效限制，即从知道或应当知道权利受到侵害之日起 2 年。另外，很多证据材料时间久了可能会丢失，或无从考证，所以要尽快主张权利。

3. 如果公民故意做虚假供述或伪造有罪证据，导致自己被羁押或判处刑罚的（"顶包案"），不但拿不到国家赔偿，还可能会被追究包庇罪。

4. 公民在被追究刑事责任过程中（包括侦查阶段、审查批捕阶段、审判阶段、执行刑罚阶段），自伤、自残等故意行为造成自身伤害，国家不赔偿。但是，相关的国家机关有义务举证证明公民的损害是其自身造成的。这条规定就是为了避免公民在看守所等国家机关的控制下"莫名其妙"死亡。例如之前的"躲猫猫死亡事件""洗脸死亡事件""喝水死亡事件"等，公民进了看守所之后就死亡了，看守所给出的理由十分荒诞，让人难以信服，但家属人在看守所之外，又无法还原事实真相。

所以现在国家将证明公民伤亡原因的责任给了国家机关——人是在你这里伤亡的，你就要证明自己没有责任。如果不能证明，那么就要承担责任。即使受害人或其家属并没有证据证明伤亡是因为遭受暴力，即使国家机关矢口否认存在暴力行为，只要有伤亡的事实，依然可以主张赔偿。